김창훈의
독백

김창훈의 독백

초판 1쇄 인쇄 | 2025년 10월 17일
초판 1쇄 발행 | 2025년 10월 20일

지은이 | 김창훈
펴낸이 | 손승혜
기획 · 편집 | 이주상
디자인 | 아르케 디자인
펴낸곳 | initio

출판등록 | 2024년 6월 13일(제2024-000076호)

주소 | 서울 종로구 경희궁1길 35
이메일 | sang1984@naver.com

ⓒ 2025 김창훈
ISBN 979-11-990323-2-3 03810
값 20,000원

* 파본은 본사나 구입하신 서점에서 교환해 드립니다.
* 이 책의 판권은 지은이와 이니티오 출판사에 있습니다. 내용의 전부 또는 일부를 재사용하려면 반드시 양측의 서면 동의를 받아야 합니다.

김창훈의
독백

이니티오

작가 노트

1.
나는 보이지 않는 걸 그리려 한다. 그 보이지 않는 그림을 통해 보이길 원하는 어떤 형상과 대상을 관람자와 수집가가 상상하거나 찾아내길 원한다.

나의 그림은 덜어내고 비워내는 산물이다. 채우기보다는 덜어내고 비워냄으로서 단순미와 상상력을 극대화하길 추구한다. 이를 통하여 캔버스와 관람자 모두 자유함을 누리기 바란다.

나의 그림은 철저히 미니멀리즘과 색면 추상에 기초하고, 그걸 나의 방식으로 재해석하는 작업의 여정이 될 것이다.

나는 그림을 통하여 나를 위로하고, 나의 내면을 치유하며, 삶의 속박에서 벗어나는 자유함을 누리길 원한다. 또한 시각 예술의 도구이자 매개체인 캔버스의 자유를 추구한다.

무엇보다 관람자와 수집가 모두 동일한 자유와 위로를 공감하고 느낄 수 있기를 바란다

2.

혹자는 지긋한 나이에 무위도식하며 한량처럼 노래나 부르고 그림이나 그리며 참 여유로운 삶을 산다 얘기할지 모르겠다.

해외에서 유목민처럼 40년간 떠돌다 고국에 돌아와 보니 변변히 머물 곳 하나 없고 쌓아온 명성도 없으며 그저 불안한 내일과 마주하는 장삼이사로 녹녹치 않은 현실과 마주할 뿐이다.

나에게 노래와 그림과 글쓰기는 한가로운 취미나 여유 생활이 아니라 생업이다. 생을 유지하기 위한 필연의 업이다. 이를 통하여 더 망할지 조금 나아질지 아직은 모를 일이다.

그럼에도 나는 포기할 수 없다. 한결같이 비추는 햇살과 아름다운 꽃들과 깜깜한 하늘에 빛나는 별들이 나의 꿈과 희망이 되어 나의 존재를 일깨워 주기 때문이다.

쉬운 말로 생존하기 위해, 노래 부르고 그림 그리고 글쓰기를 할 뿐이다. 그뿐이다!

비 오는 날

— 김창훈의 그림 〈Rainy Day〉

맹문재

풍경들 사이에 있는
비의 문을 열고 들어서면
잊지 못하는 얼굴이 보인다

하얗고 빨갛고 검고 푸른 기억들은
장미이고
나비이고
산울림이고
물방울이다

무지개이고
다이아몬드이기도 한
그 앞에서
젖은 신발의 내 그림자를 내려다본다
나는 누구인가

〈Rainy Day〉, 2025. Acrylic on Linen, 116.8×80.3cm

풍경과 풍경에서 보지 못했던 얼굴에

끝인사를 전하지 않은 채

비의 문을 닫고 나와야 하는

나는 누구인가

밝

목 차

작가 노트 … 4
비 오는 날 · 맹문재 … 6

1장 ❈ 산할아버지 ……………………………… 10

2장 ❈ 내 마음 ………………………………… 48

3장 ❈ 회상 …………………………………… 78

4장 ❈ 독백 …………………………………… 106

5장 ❈ 나 어떡해 ································· 136

6장 ❈ 오늘밤 ····································· 162

7장 ❈ 나 홀로 뜰 앞에서 ······················ 192

얼굴꽃 · 맹문재 ··· 226
네모의 하모니 '인간'을 그리다 · 편완식 ··· 228
칼 같은 선에 숨은 삶의 미로 · 김민 ··· 238
작업 후기 ··· 243

1장

산할아버지

산할아버지 구름모자 썼네 나비같이 훨훨 날아서
살금살금 다가가서 구름모자 벗겨오지
이놈하고 물벼락 내리시네 천둥처럼 고함을 치시네
너무 놀라 뒤로 자빠졌네 하하하하 웃으시네

웃음소리에 고개 들어보니 구름모자 어디로 갔나요
바람결에 날려 갔나요 뒷춤에 감추셨나요
산할아버지 구름모자 썼네 나비같이 훨훨 날아서
살금살금 다가가서 공연히 혼줄만 났네

1-1
캔버스는 인생이다

이 인생이 어떻게 전개될지 궁금하고 흥분된다

아무것도 없는 흰색 캔버스를 마주하면, 때로는 막막함을 느끼기도 한다. 그런 순간을 지나 물감을 고르고 나이프를 쥐는 순간 캔버스에는 음률이 흐른다. 나이프는 지휘봉이 되고 물감은 선율이 되어 한 폭의 그림이 시작된다. 그러면 캔버스에는 이전에는 예상할 수 없었던 형체가 만들어진다.

그래, 인생도 마찬가지일 것이다. 캔버스를 선과 면으로 나누고 색으로 채우듯, 인생도 우리가 살아가며 채워 나가는 것이다. 꿈과 희망으로 윤곽을 만들고 사랑과 감사로 채워 나갈 일이다.

⟨Universe I⟩, 2025. Acrylic on Linen, 116.8×80.3cm

1-2
산할아버지

　40여년 전, 군복무를 마치고 산울림 동요 2집을 준비하던 시절, 산에 구름이 걸친 경치를 바라보며 산할아버지가 마치 구름 모자를 쓴 모습 같았다는 상상을 했다. 그것이 내 마음 속 첫 그림이었는지 모른다. 그 순간이 미술과 회화의 세계로 나를 이끌었던 건 아닐까 생각해본다. 그 이후 수없이 많은 갤러리 탐방과 미술관 방문 그리고 분수에 맞지 않는 그림 수집 등. 그림이 나를 미치게 만든 순간들이 한없이 보태졌다.

　구름 걸친 산의 경치가 〈산할아버지〉라는 노래를 만들게 했고, 그때의 무의식적 상상이 나를 그림의 세상으로, 이제는 화가의 길로 이끌어오고 있는 것 아닐까?

　인생에는 수많은 우연들이 겹쳐지지만 오묘한 결과로 이어진다.

⟨White Cloud Over Sea⟩, 2025. Acrylic & Gouache on Linen, 53×40.9cm

1-3
산울림과 그림

　1977년 산울림 데뷔 앨범 〈아니 벌써〉 자켓 디자인부터 산울림과 그림은 떼려야 뗄 수 없는 운명이었는지도 모른다. 이후 그림에 대한 나의 본격적인 관심과 애정은 직장생활을 하던 1983년경 시작된 것으로 기억된다.
　그 당시 다니고 있던 회사 근처 종로에 이름은 기억나지 않는 한 갤러리(당시엔 모두 화랑이라 불렀다)를 틈나는 대로 들르며 여러 그림을 접하고 있었다. 지금도 기억나는 이름은 곽인식, 곽훈, 황염수, 손상기 같은 작가들이다. 추상화이거나 추상 요소가 있는 구상화를 좋아했었다. 그러다 류병엽 화백의 그림도 접하게 되고 그런 강렬한 색상과 비정형적인 그림에 빠졌다.
　몇 년 후 미국 LA로 주재원 파견을 나가게 됐는데, 미국생활을 하면서 음악은 거의 손을 놓았고 대신 주말마다 갤러리 투어를 하는 일이 음악을 대체하는 취미로 자리잡았다. 그런데 전부터 알고 지내던 한국의 한 화랑 대표로부터 미국에서 그림을 구해달라는 요청을 받게 됐다. 〈아메리칸 아트 컴퍼니/American Art Company〉라는 정식 무역업체까지 차려서 부업으로 그림을 소싱하기까지 했다. 당시 그 화랑 대표께서 프랭크 스텔라의 그림을 구해보라고 했던 기억이 아직도 생생하다. 지금 생각해 보니 꽤나 안목이 높았던 분인 듯싶다.

그로부터 40여년이 흘러 내가 그림을 그리고 있다.

나의 그림은 어떤 그림이여야 할까? 뒤늦게 시작한 나의 그림은 여러 면에서 부족함이 많을 수밖에 없다. 그것을 극복하려면 개성 있고 창의적인 작품을 만드는 방법밖에 없을 거 같다. 마치 세대를 뛰어 넘어 기억되고 소환되고 사랑받고 있는 산울림의 음악처럼.

1-4
그림과 음악의 본질

　음악과 그림의 본질은 같은 것 아닐까? 형식만 다를 뿐 예술 창작이라는 근본은 마찬가지일 테니까.
　음악하고 싶어 하듯, 나에게는 그리고 싶은 욕망이 있다. 내가 벽에 걸어 두고 싶은, 그런 그림을 내가 직접 그리고 싶은 것이다. 내가 그림을 그리는 목적이다.
　그런데 그림을 그려서 내 벽에 걸어 두는 것이 끝은 아니다. 음악을 만들어 남에게 들려주고 앨범이든 음원이든 구입하도록 하듯이, 그림도 남에게 보여주고 사도록 하는 것이다. 나의 공간에 걸어 두고 싶은 그림이어야 컬렉터의 공간에도 권유할 수 있을 것이다. 잘 팔리는 인기 작가는 못 되더라도 몇 점이나마 팔 수 있는 작가가 되지 않는다면 무슨 소용이 있을까?

〈Between Poetry and Music〉, 2025.
Acrylic & Gouache on Linen, 53×40.9cm

1-5
모두 똑같다

글쓰기와 그림 그리기와 노래 만들기 모두 똑같다.
막히고 열리고 또 막혔다 열리고,
넘어지고 부숴지고 다시 일어서고,
꽃 피우다 시들고 다시 꽃 피우고,
세상 사는 일 모두 다 똑같다!

1-6
화두를 던지는 그림

그림에서 얼굴이 보이나요? 그렇다면 얼굴이요,
그림에서 꽃이 보이나요? 그럼 꽃이요,
깜깜한 밤이 보이나요? 그럼 밤이요,
혹시 옛 추억이 떠오르나요? 그럼 추억인 것이고,
아무 것도 안 보이나요?
그렇다면 아무 것도 아닌 것이지요.
연꽃을 들고 있는 부처의 '염화시중의 미소' 같은 그림.

1-7
산울림 정신

지인과 저녁 식사 자리에서 그림 이야기가 나왔다. 이런 저런 얘기들을 주고받다가, "근데 언제부터 그림을 그리기 시작했습니까?" "이제 반년쯤 되었습니다. 산울림 정신으로 그냥 시작했습니다." 말하고 나니 좀 머쓱하다. '산울림 정신'. 오랫동안 마음과 몸에 체화돼 있던, 혼잣말처럼 주술처럼 읊조린 어떤 정신.

완벽히 배워서 하기보다는 일단 시작한 뒤 배워 나가는 역발상의 방식일 것이다.

뒤늦게 시작한 그림 역시, 작곡과 마찬가지로 그냥 내 식으로 시작하고 보는 것이다. 그리다 보면 뭐가 되어도 되겠지.

나이키의 모토인 〈Just do it〉과 애플 스티브 잡스의 〈Think different〉, 현대그룹 정주영 회장의 〈이봐, 해봤어?〉, 이런 말들과 관통하는 지점이 있지 않을까?

〈Life Maze II〉, 2025. Acrylic & Gouache on Linen, 90.9×65cm

1-8
무엇이 보이는가?

오렌지가 보인다고 할지 모른다.
누구는 사계절이 보인다고 하겠다.
어떤 이는 바다와 숲이 보인다 하겠고,
또 어떤 이는 나비가 보인다고 하겠다.
바다에 갔던 기억과 숲을 거닐었던 추억과,
나비와 마주쳤던 순간과 호접지몽의 장자가 떠오를지도 모를 일이다.

한없이 펼쳐지는 대지의 푸른 초원 위에 하얀 집을 짓고 님과 함께 사는 꿈을 꾸었을 것이다. 그 꿈을 향하여 한평생 살다 보니 꿈이 아니라 그냥 이상이었다. 나의 꿈은 그렇게 멀어지고 있었다. 내가 그림 속의 주인공이 될 수 있으므로 나는 푸른 초원에 하얀 집을 그리고 덤으로 빨간 집도 그렸다. 그런 구상적 관념의 지배에서 벗어나 추상적 아름다움이 상상되길 바란다.

〈Face Flower〉, 2025. Acrylic & Gouache on Linen, 53×40.9cm

1-9
무얼 그리는가?

단순한 기하학적 색과 행태를 통하여 미학적 즐거움과 상상력을 불러일으키고 싶었다.

내가 완벽함을 통제할 수 있다는 확신이 드는 화풍을 찾기 위한 다양한 시도와 사색을 통해서 현실 세계와 공간의 한계를 넘어 피안의 세계 또는 상상의 나라로 이끌어갈 수 있다는 기대를 갖고 작업한다.

1-10
화풍의 변신

추상 그림을 좋아하므로 색이 떠오르는 대로 붓 가는 대로 멋대로 그려 보았다. 어느 순간에 이르다 보니 그럴 듯해 보였다. 그렇게 그림은 완성되었다. 수일째 가까이서 멀리서 그림을 바라보니 어느 순간 뭘 그린 건가? 하는 자문과 성찰에 이르게 되었다. 그림을 너무 쉽게 생각했나? 한동안 그쯤에서 헤어나오지 못했다. 그 안에서 여러 시도를 해보다가 변화를 찾아 고민을 했다.

최소한의 주제는 있어야 하겠다. 선과 면과 색상으로 아무렇게나 그림이 완성될 수는 없는 것이었다. 무언가 담겨 있어야 하지 않을까? 그래서 탄생한 것이 키스 연작이다. 지금의 키스 작품이 완성되기까지 여러 번 부수고 다시 세우고 그런 시행착오를 거쳐 현재의 모습으로 귀결되었다. 이후의 풍경 등은 이 키스 시리즈와 같은 맥락의 그림이라 여겨진다.

꽉 막힌 벽 앞에 서 있는 기분이 들 때 나의 가슴에 울려오는 작은 울림, '초심으로 네가 그리고 싶은 것을 자유롭게 그려라, 속박되지 말고 억압되지 말고 그때의 희열을 회복하라' 하는 자성이 든다.

그래, 어느새 나도 모르게 그림에 갇혀 있었구나. 그런 자각이 드는 오늘, 새로운 도전과 깨달음을 얻는 새 아침이다.

〈The Kiss〉, 2024. Acrylic on Linen, 53×40.9cm

1-11
화풍

나만의 화풍이 정립되기까지 무수한 시행착오를 했다. 나만의 기준이 필요했다. 우연과 필연이 반복되며 진행되는 그림에서 〈가다 서다〉가 반복되었다. 3막 4장의 연극처럼 막이 진행될수록 미궁과 후회에 빠지기도 하고, 새로운 희열과 긍지가 생기기도 했다. 그런 경험을 거치는 가운데 나의 그림은 형상화되고 구체화되었다. 나의 그림은 그리기 쉬워야 한다. 생각하게 하고 싶다. 상상의 세계로 쉬운 추상의 세계로 안내하고 싶다. 쉽지만 무한한 상상과 미적 아름다움을 줄 수 있으면서 싫증나지 않을, 정교하고 섬세한 그림. 그런 걸 추구하고 싶다.

1-12
솔직히

솔직히 처음부터 내 그림에 대한 철학과 미학이 구축되거나 정립돼 있지는 않았다. 미술에 대한 열망으로 그리기를 시작한 이후 수많은 시행착오와 좌절과, 번뇌와 재기를 거듭한 끝에 어느 순간 내가 잘 해낼 수 있고, 내가 좋아하는 모습의 그림으로 가까이 다가가고 있는 것 같았다.

1-13
황금률

그림에도 황금률이 있는가? Golden Rule.

내 그림의 경우엔 있다고 생각된다. 어떤 근거나 과학적 수치를 댈 수는 없지만.

내 마음과 생각이 정해 주는 위치와 크기와 색깔이 있다. 그 황금률을 따르려고 캔버스를 바라보며 여쭙는다. 기다림의 시간이 지나면 순간적으로 응답이 온다. 그때 재빨리 메모하거나 바로 작업에 돌입한다.

〈You are beautiful〉, 2025. Acrylic on Linen, 116.8×80.3cm

1-14

그림의 주제

이제 서서히 내가 펼쳐 나가고 싶은 그림의 주제와 표현 방법에 대한 생각이 정착되어 가는 듯하다.

미니멀리즘 색면 추상을 기본으로 하되, 구상적 요소를 담아내기로 한다. 그리하여 네 가지로 분류하여 작업을 심화 발전시켜 나가고자 한다.

첫째, 꽃을 주제로 한 정물 추상,

둘째, 얼굴을 주제로 한 인물 추상,

셋째, 자연의 풍치를 담은 풍경 추상,

넷째, 음악을 주제로 한 음악 추상,

네 가지 주제를 한데 묶는 공통분모는 미니멀리즘 색면 추상이다.

1-15

질리지 않고 물리지 않는 그림

내가 추구하는 그림관이다. 질리거나 물리지 않는 그림. 나 스스로 내 그림에 질리지 않고 물리지 않아야 한다.

내가 오래도록 간직하고 싶은 그림. 양심에 찔리지 않는 그림. 자부심마저 느껴지는 거만스러운 그림. 떠나보낼 때 애착이 갈 그림.

그런 그림이 많이 그려지면 좋겠다.

1-16

의식과 무의식의 조화

면과 선과 점으로 구성된 형태와 색상의 배치와 조화를 모색하는 과정은 때로는 의식적이고 의도적으로, 때로는 무의식과 우연의 몸짓에 맡긴다. 즉 의식과 무의식의 조화가 적절히 타협하고 어느 지점에 도달할 때 나의 그림은 완성된다.

1-17
균형과 조화

바다의 수평선과 대지의 지평선처럼 그림에도 평평하게 되려는 어떤 힘이 있어 보인다. 그게 균형과 조화인 듯하다.

그림을 그려가며, 완성된 그림일지라도 불균형과 부조화가 보이는 그림이 있다. 거기엔 불명확하지만 어떤 임계점 또는 허용되는 한계치가 있는 듯하다.

따라서 그림을 그리고 완성해 나가는 과정은 색과 형태의 균형과 조화를 찾아, 그림의 수평선과 지평선을 향한 끝없는 과정이 아닐까 생각해 본다.

1-18
비우기와 덜어내기

내가 추구하는 그림의 핵심 가치는 '비우기'와 '덜어내기'. 도대체 비우고 덜어내면서 뭘 그릴 수 있단 말인가? 그림에 몰입하다가 보면 어떤 관성에 이끌려서 나도 모르게 '채우기'에 급급한 경우를 경험한다. 다행히 그걸 인식하는 순간 '채우기'를 멈추고 잠시 생각을 해 본다.

그렇다! 색을 더하려 하고 면을 나누려 하고 무언가 더 채우려 했었구나. 그건 아니지. 원점과 본심으로 돌아가 또다시 '비우기'와 '덜어내기'로 생각을 채운다.

미니멀리즘 색면 추상. 바로 내가 그리려는 그것!

1-19

노래처럼 그림도 매일 그려야

시노래 작곡 1,000곡을 마무리하고 남아 있는 나의 창작력이 그림으로 옮겨간 지 반년 남짓 지났다. 이제 시노래 작업은 멈추었고 악상도 멈추었다. 그 대상이 그림으로 바뀌었을 뿐, 종일 작곡 대신 그림 작업에 몰두하는 나의 모습을 바라본다. 하나의 깨달음이 다가온다.

그렇구나!

기타를 매일 쳐야 손가락이 굳지 않는 것처럼,

노래도 매일 불러야 목이 녹슬지 않는 것처럼,

그림도 매일 그려야 붓놀림이 손목과 어깨에 배어드는 것 같다.

연습과 훈련이 중단없이 지속되어야 좋은 습관으로 자리 잡을 수 있을 것이다.

1-20
그림 한 점 완성되기까지

누군가는 나무를 베었을 것이다. 그 나무를 깎고 대패질을 한 목수가 있었을 것이다. 캔버스 틀에 얹을 천이 필요할 것이다. 천을 만들기 위해 누군가는 목화와 아사를 키우고 실을 만들었을 것이다. 누군가는 캔버스 공장에 틀과 천을 공급했을 것이며 착한 트럭 기사가 배달했을 것이다.

누군가는 물감을 찾아 다니며 색을 연구하고 그걸 담을 용기를 디자인하고 기획했을 것이며, 자나깨나 색만 생각하고 색만 밝히며 다녔을 것이다. 그랬을 것이다. 물감 공장은 건축과 생산 설비가 필요했을 것이고, 제조된 제품을 세상에 알리는 마케터가 있었을 것이며, 저마다 자기들 제품이 좋다고 목청 높이며 다녔을 것이다.

붓을 만들려니 동물들의 희생과 헌신이 있었을 것이다. 꼼꼼한 장인들이 있을 것이며, 대량 생산을 통해 보다 저렴

한 제품을 제조하고 공급하는 이들도 있을 것이다.

상가에는 캔버스와 물감과 붓을 파는 가게, 이름하여 화방이 있을 것이다. 참으로 고마운 화가들의 사랑방이며 가장 가까운 친구일 것이다

캔버스와 물감과 다양한 모양의 붓을 구하는 화가가 있을 것이다. 그림이 생업이고 천직이며 그림에 자기의 운명을 거는 위험한 도박꾼이 있을 것이다.

그런 이의 손을 거쳐 마침내 걸작 하나가 완성된다.

1-21

붓과의 만남

새로운 구상에 맞는 그림을 그리려 하니, 새로운 붓이 필요합니다.

오늘은 붓을 사러 화방에 가려 합니다.

애인을 만나러 가는 설레는 마음으로 갑니다.

붓은 실제 만져보며 골라야 되더라고요.

그림을 그려가며 어떤 붓이 필요할지도 배우고 그렇게 진화해 나갑니다.

〈Cello Ensemble〉, 2025. Acrylic on Linen, 162.2×112.1cm

화가의 조수

한때 화가가 조수를 시켜 그림을 그렸다고 사회적 비난과 파장이 꽤나 컸던 적이 있었다. 통념상 화가가 직접 그리지 않은 그림을 화가 자신의 그림이라 할 수 있는가?

내가 그림을 그리다 보니 그림 작업에도 조수가 있다면 상당한 긍정적 효과가 있을 것이란 생각이 든다. 예를 들어 캔버스에 젯소를 바르고 말리고 또 젯소를 바르고 흰색 물감으로 덧칠하는 등 캔버스를 그림 그리기 직전의 상태로 만드는 일이나, 정해진 어떤 형태나 면에 단색 물감을 칠하는 일이나, 특별히 작가 특유의 창의성이 요구되지 않는 단순한 작업들은 화가가 직접 하지 않아도 되겠다.

차라리 작가는 그럴 시간에 그림을 구상하는 창의적 작업에 몰두하는 게 낫겠다 싶다. 물론 조수를 공짜로 쓸 수 있는 게 아니니 그의 그림이 꾸준히 판매되는 레벨의 작가나 가능한 일일 듯싶다.

어디까지 조력을 받아도 괜찮을까, 그 경계선이 다소 애매하긴 하지만 작가 자신이 A부터 Z까지 다해야 하는 것은 아니라는 생각이 든다. 작품 공급이 수요를 따라가지 못할 때 조수의 도움은 절대적이란 생각이 든다.

20세기 최고의 예술가이며 팝아트의 창시자인 앤디 워홀도 같은 생각을 하지 않았을까?

1-23
그림과 철학

그림과 철학이 연결되어 있다.

끊임없이 존재에 대한 질문이 이어지기 때문이다.

그림을 왜 그리는가? 과연 내가 그린 이런 그림들이 존재 가치가 있을까? 어떤 그림을 그릴 것인가?

같은 질문을 나에게 던져본다. 왜 사는가? 삶이란 무엇인가? 나는 어떤 삶을 살고 있는가?

1-24

좋은 그림과 나쁜 그림

좋은 그림과 나쁜 그림이 있을까? 없다.

다만 훌륭한 그림과 그렇지 못한 그림이 있을 뿐.

좋은 시와 나쁜 시가 있을까? 없다.

다만 훌륭한 시와 그렇지 않은 시가 있을 뿐

좋은 사람과 나쁜 사람이 있을까?

1-25

그림의 완성

그림의 완성은 항상 열어 두어야 한다. 단정짓지 않는다.

그림과 중간중간 대화하며 그림이 얘기하는 지점을 골똘히 바라보고 귀 기울인다. 그러다 보면 미처 보지 못했던 부분이 보이곤 한다.

어제 보았던 그림의 느낌이 오늘도 한결 같은지, 아니면 어딘가 만족스럽지 않은지, 수없이 바라보며 생각해 본다. 색감과 구도와 조화를.

〈Serendipity〉, 2025. Acrylic on Linen, 162.2×112.1cm

1-26

액자는 옷

나에겐 액자도 작품의 일부이다.

그림에 액자는 날개이고, 사람의 옷 같은 것이다. 마치 음악 작업의 마지막 단계인 마스터링과 같다.

액자 없이 그림 자체로도 멋있을 수 있지만, 액자가 갖춰질 때 그림은 진정한 완성품이 된다. 마스터링 하지 않은 음악도 듣기 괜찮지만, 마스터링된 음악과는 차이가 날 수밖에 없다. 들어보면 알듯이 액자를 제대로 갖춰보면 안다.

1-27

그림은 수학

어찌 보면 그림 그리는 일은 수학 문제 풀이 같기도 하다. 정해진 답을 찾아 떠나는 여행 같은 것. 정답이 나올 때까지 머리 싸매고 씨름해야 하는 것.

예술에 수학의 정답처럼 '똑 떨어짐'이 있을까 싶기도 하지만 스스로 만족할 때, 아마도 그림에 사인을 하는 그 순간이 정답을 찾는 순간이 아닐까 생각해 본다. 긴 실험과 반복 끝에 나만의 정답을 찾은 입춘의 아침.

1-28
미술 작업은 놀이

누구는 미술의 본질을 노동이라 하고,
누구는 수행이라 한다.
나는 미술의 행위를 〈놀이〉라 하겠다.
결과도 즐겁고 과정도 즐거운 〈놀이〉. 처음부터 끝까지 속박되지 않는 자유 속에서의 즐거움. 그려도 좋고 안 그려도 좋고, 멈추거나 쉬어도 좋고, 다시 그려도 좋고.
그냥 좋고 좋은 그런 즐거움의 과정 속에 그림은 태어나고 자라기 마련이란다.

1-29
그림은 놀이인가?

　글씨를 알고 글씨를 쓸 손이 있다면 누구나 그림을 그릴 수 있다. 고대 원시인의 동굴에 남긴 벽화처럼 배우지 않더라도 관찰하고 느끼는 대로 그림을 그릴 수 있을 것이다.

　다만 나의 놀이가 타인의 공감과 동의를 얻을 수 있는지 여부는 또 다른 차원의 문제이다. 동굴의 그림은 누군가에게 판매하기 위해 그려진 것은 아닐 것이다. 하지만 지금은 원시 시대가 아니다. 그러니 호응 없는 그림은 쓰레기 더미일지 모른다.

　난 그림을 그리고 있는가, 쓰레기를 만들고 있는가?

1-30
그림 제목이 무제(Untitled)인 이유

　미니멀리즘 색면 추상을 추구하는 것은 관람자나 수집가의 상상을 제한하고 싶지 않기 때문이다.

　내 그림에서 음악이 들리고, 풍경이 보이고, 추억과 고독이 보이고, 스쳐간 사람과 사랑하는 이들의 얼굴이 떠오를지 모른다. 나무와 숲이 보이고, 꽃이 보이고 노을이 보이고, 산책로에서 만나는 새들과 나비가 보일지 모른다. 아픈 시구가 생각나고, 어린 시절의 골목길과 예배당의 종소리와 잊었던 슬픔이 기억날지 모른다. 후회와 허무에 울지 모르고, 지나온 시절이 떠오를지 모른다.

그러니 한 가지 생각만 하도록 어떻게 감히 제목을 정하겠는가?

1-31
무제에서 유제로

결국 그림에 제목을 붙이기로 했다.

그림에 제목을 붙이는 것이 상상력을 제한하는 것이 아니라, 그림에 대한 '공감의 입구'로 안내하는 것이며, 오히려 예의와 배려라는 생각이 들게 되었다.

그렇게 깨우쳐간다.

(1-32)

필연과 우연

그림과 인생의 공통점이 있을까?

그림 착수 전에 캔버스에 그려 넣을 개략적인 계획을 세워 시작하지만, 최종적인 목표를 미리 계획하지는 않는다.

느낌이 오는 대로 그리는 편인데, 그리다 바라보다를 반복하다 보면, 멈추면 좋을 순간과 느낌이 올 때가 있다. 어찌 보면 그리다가 만나는 '우연'이 50%는 차지하는 것 같다. 내가 살아온 인생 또한 그림처럼 순간의 결정과 우연의 만남으로 이뤄진 듯하다.

오늘 완성한 그림을 바라보며 지나온 인생을 반추해 본다.

〈Ego, Black〉, 2025. Acrylic on Linen, 34.8×24.2cm

2장

내 마음

나의 마음은 황무지 차가운 바람만 불고
풀 한 포기 나지 않는 그런 황무지였어요
그대가 일궈 논 이 마음
온갖 꽃들이 만발하고 따뜻한 바람이 부는
기름진 땅이 되었죠

나의 마음은 황무지 차가운 바람만 불고
풀 한 포기 나지 않는 그런 황무지였어요
그대가 일궈 논 이 마음
온갖 꽃들이 만발하고 따뜻한 바람이 부는
기름진 땅이 되었죠

나의 마음은 솜구름 구름

푸른 하늘을 날으는 새들 새들

그대는 저 넓은 들판을 수놓은

들판을 수놓은 어여쁜 꽃들

나의 마음은 황무지 차가운 바람만 불고

풀 한 포기 나지 않는 그런 황무지였어요

그대가 일궈 논 이 마음

온갖 꽃들이 만발하고 따뜻한 바람이 부는

기름진 땅이 되었죠

2-1
화가의 장난감

어떤 화가는 평생 토끼와 나비를 그리고,

어떤 화가는 평생 앵무새와 오리를 그리거나,

어떤 화가는 꽃을 그리고, 장미만 그리고,

어떤 화가는 평생 산을 그리고, 얼굴만 그리고,

어떤 화가는 바다를 그리고, 하늘을 그리고,

어떤 화가는 나무만 그린다.

나는? 그래, 나는 보이지 않는 것을 그리자.

마음을 그리고 자유를 그리자.

슬픔과 기쁨과 즐거움을 그리고,

그림을 통하여 나 또한 위로와 치유를 경험하자.

⟨Piano Trio⟩, 2025. Acrylic on Linen, 90.9×65cm

2-2
캔버스에 우주를 담다

내가 좋아하는 채호기 시인의 「해질녘」이라는 시가 있다. 해질녘의 광경을 바라보면서, 태양을 한 마리 곤충으로, 세상을 한 송이 꽃의 내부로 묘사하고 있다.

요즘 꽃이 내 그림의 큰 주제로 자리 잡았다. 그렇다! 어찌 보면 꽃이 우주이며, 우주는 한 송이 꽃인지도 모르겠다. 따라서 나는 캔버스에 우주를 담는 것이다. 어린 시절 쫓아다니던 무지개를 불러오고 잃어버린 꿈을 다시 불러와야겠다.

2-3
그리기를 멈출 때

내가 내 그림에 의심이나 회의가 생길 때,
힐긋힐긋 내 그림들을 바라본다. 한 점 한 점 들어올리며 작은 하자들을 손질도 해 보고, 가까이 때론 멀찌감치 둔 채

관찰해본다. 나는 내 그림을 사랑할 수 있을까? 아니 나는 나를 사랑하는가? 이런 질문 앞에 거울처럼 나를 비추어 본다. 이제 푸릇하지도 않고 미래에 대한 희망과 포부도 제한적이다. 하지만 어찌하겠는가? 자포자기하듯 나를 달래본다. 내가 나를 먼저 사랑해야겠다. 하루의 시작을 내가 나를 귀히 여기고 나를 인식하고 나를 사랑하자는 다짐으로 70세의 어느 오후를 바라본다.

2-4
무기력이 찾아올 때

무엇을 하든 의욕이 없다. 그대도 그러한가?
자꾸 그림 그리기에 의미를 두고, 욕심을 부리고, 기대를 하니까 오히려 그림이 마음의 수갑이 되고 감옥이 된다. 그러나 그럴수록 나를 잊기 위하여, 생각을 비우기 위하여, 기대를 털어내기 위하여 붓질을 해보는 거다. 그냥 산책하듯. 정신을 그림으로 산책시키는 것이다.

2-5
그림을 이렇게 그려도 되나?

비평과 뒷담화가 들리는 듯 위축되는 때가 있다.

내 취향의 전문 화가들 그림을 볼 때마다 탄성이 나온다. 그제서야 '나는 왜 그림을 그리는가?' 하는 초심을 돌이켜본다. 어느새 나도 모르게 욕심이 마음 가운데 자리했다는 것을 뒤늦게 깨닫는다.

아, 욕심이 위축을 불러오고, 위축은 행복을 쫓아내는구나.

초심을 잊지 말지어다.

⟨Hangang River⟩, 2025. Acrylic on Linen, 53×40.9cm

〈Stairway to Heaven〉, 2024. Acrylic on Linen, 53×40.9cm

2-6

좌절과 도전과 극복의 연속

과연 이런 그림이 세상에 필요한가?

개인 일기장 같은 그림이라면 무슨 의미가 있을까?

세상 밖으로 나갈 수 없는 그림이라면 무슨 의미가 있겠느냐는 것이다. 들어줄 사람이 없는 음악처럼 세상과 교감할 수 없는 그림이라면 캔버스와 붓과 물감만 낭비하는 일 아닌가?

이를 극복하기 위하여 뭘 해야 하는가? 이런 시도 저런 시도를 하다 보면 언젠가는 가치로운 그림이 탄생하겠지 하는 믿음과 스스로에 대한 격려가 없다면 지탱하기 쉽지 않은 게 그림 그리는 일 같다. 나이 70에 그림을 시작하려는 일이 무모함이 아니길 오늘도 막연히 기대해 보며 묵묵히 붓질을 한다.

2-7
자백

내가 내 안에 갇혀 있지 않은가?

분명히 갇혀 있으면서 미처 인식 못하는 이 무지함.

그림은 나를 가두기도 한다. 이 정도면 괜찮다는 환상, 그 환상을 '자백'이라 해 두자. 환상의 교묘한 함정은 그것이 환상인지 인식하지 못함에 있다. 그 환상이 깨지는 순간을 마주해야 그것이 환상이었음을 깨닫게 되는 그 무지몽매함을 어떻게 해야 할까? 그림을 그리며 새로운 변화를 추구할 때마다 반복되는 좌절과 도전과 극복의 자연스런 과정이라 이해하면 될까? 그럼에도 부끄럽다.

2-8
또 우울

또 우울에 빠지려 하네.

침울한 마음은 어디에서 오는 것일까?

걱정, 불안, 염려, 좌절, 이런 단어들,

삶의 필연적 요소라 생각하고 그냥 지나치려면
그걸 이겨낼 수 있는 내면적 면역과 저항력이 필요하다.

2-9
허탈과 허무

그림이 완성되면 왜 허탈할까?
기대한 결과가 나오지 않았다는 실망일까?
너무 많은 에너지를 쏟아 부어서 잠시 지친 걸까?
몸 컨디션이 예전 같지 않아서 그런 걸까?
삶을 짓누르는 고민들이 스멀스멀 올라와 그런 걸까?
그림을 그려 무엇 하나 하는 허무에 빠져 그런 걸까?
아, 어디론가 떠나거나 사라지고 싶다. 울고도 싶다.

2-10
묻지도 말고 따지지도 말고

그림도 힘이 필요하다. 그릴 힘이 필요하다.
그림을 그릴 힘은 육체적인 힘이 아니라
오히려 정신적인 힘이라 말하고 싶다.
그림을 그리고 싶은 정신, 그런 정신이라면 매우 건강한 것이다.

그리려는 의욕은 건강한 마음에서 우러나오기 때문이다. 그림은 치유의 힘이 있다고 믿는다. 따라서 의욕이 없다 하더라도 무작정 붓을 잡다 보면 자아를 잊고 캔버스와 붓놀림에 집중하는 사이 자기도 모르게 스르르 번뇌와 염려와 고통이 사라지는 경험을 할 수 있을지도 모른다.
그러니 묻지도 말고 따지지도 말고 그냥 그려라!

2-11

혼술하는 화가

누가 그리라고 한 것도 아니고

네가 스스로 그리겠다고 했으니

네가 스스로 결정하고 네 길을 스스로 걸어가렴.

여기 저기 기웃거릴 거 없이

넘어지든 무너지든 그 또한 너의 몫이니.

2-12

나의 미래

아직 가슴에 무엇을 하려는 의욕이 있는가?

아직 마음에 꿈틀대는 열망이 남아 있는가?

그런 의욕과 열망이 활화산처럼 불타오르던 시절,

그런 때가 그리울 날이 내게도 곧 들이닥칠 것이다.

우울이 불쑥 방문하는 날, 그런 나의 미래를 상상해 본다.

2-13
그림에게 자유를

간단히 말하면 캔버스에 물감을 채우는 일이 그림 그리는 일일 것이다.

그런데 그림을 그리려는 의도로 뭔가를 열심히 그릴수록 어느 순간 캔버스가 숨막히겠구나, 무겁겠구나, 아프겠구나 이런 생각이 들게 된다.

그림으로 자유를 표현하고자 했으나 오히려 속박이 되는 그림, 거기서 탈피해야 하겠다.

캔버스에 자유를. 캔버스를 해방시키는 행위. 캔버스를 안식하게 하는 행위를 내 그림의 핵심 가치로 삼으려 한다. 최소의 것으로 최대한의 자유를.

그렇다. 캔버스에 자유가 있어야 내가 자유롭지 않겠는가. 난 자유하다.

〈Ego, White〉 2025, Acrylic on Linen, 25.8×16cm

2-14
내 그림과 사랑에 빠질 때

내가, 내가 그린 그림과 사랑에 빠질 때
그 그림과는 이별을 각오해야 한다.
내가, 그 그림을 떠나보낼 때
그림 속에 내 마음이 담겨 있을 것이다.
그 그림은 나의 마음에서 나온 것이나
더 이상 나의 것이 아니다.

2-15
그림은 자유다

그림에서 비로소 자유를 누린다.
여긴 율법이 없고
규율이 없고
설혹 어떤 법이 있다손 쳐도
나는 그걸 지키고 싶지도 않고
안 지킨다고 감옥에 갈 일도 없다.

그림의 세계는 자유한 세계.

자유를 향유하고 만끽할 수 있는 예술이다. 따라서 나는 그림을 자유의 예술이라고 말하고 싶다. 그대여, 자유를 누리고 싶은가? 그럼 캔버스를 구해서 그림을 그릴 일이다. 그대는 캔버스 세계를 지배하는 주인이며 왕이 될 것이니.

2-16
도전

요즘 새로운 도전을 자주 하는 편이다. 내가 말하는 도전은 그림에 변화를 주려는 순간을 의미한다. 한 획이 그어지는 직후 그림이 나빠지는 경우도 있고, 아주 좋아지는 경우도 있다. 물론 그 판단은 매우 주관적인 것이겠지만, 적어도 내가 추구하는 아름다움과 익음의 기준에 부합되어야 한다. 그럴 때마다 도전이란 단어가 떠오른다. 발효라는 도전의 과정을 거쳐 술이 익어가듯, 그림 또한 그런 도전의 숙성 과정을 거쳐야 하는 것이다. 우리의 인생 또한 그렇지 아니한가?

2-17
모험은 도전

그림을 1차 마감하고 다음 단계 방향을 정할 때나, 완성 후에라도 무언가 꺼림칙한 부분이 발견될 때, 과감한 결단의 순간이 다가온다. 지금까지 해온 작업 방향을 바꾸거나, 아예 처음부터 다시 그릴 각오를 하고 아이디어를 적용해봐야 한다. 모험이다. 자칫하면 전체를 망칠 수 있기 때문이다.

모험이란 실패를 각오하고 하는 과감한 도전이다.

2-18
그림은 여행이다

무작정 떠나고 볼 일이다. 붓과 색감이 이끄는 대로 캔버스 위를 휘젓고 다니다 보면 문득 나의 기억과 과거가 소환되기도 하고 응어리진 마음이나 슬픔, 인생의 회환이 파노라마처럼 펼쳐진다. 그 순간을 포착할 때까지 붓질 여행을 계속해 나간다. 먹물을 벼루에 갈 듯 마음을 다스리며.

〈Butterfly Dream〉, 2024. Acrylic & Gouache on Linen, 53×40.9cm

2-19

시작이 반이다?

아니다. 시작이 다.

캔버스를 사라. 물감을 사고 붓과 나이프를 사라.

그리고 물감을 골라 뚜껑을 열고 캔버스 위에 뿌려라. 캔버스 위를 자유롭게 붓으로 휘젓고 나이프로 문지르면, 그림은 시작보다 완성에 더 가까워진다

그러니 시작과 끝은 연결돼 있다. 혼자서든 함께이든 여행을 떠나는 것도 아마 그럴 것이고, 결국 인생의 여정도 다르지 않을 것이다.

2-20

선 넘지 마라

그림 그리다 의도치 않게 물감이 선을 넘을 때가 있다. 선을 넘은 부분을 고치기 위해서는 경계선을 테이프로 가리고 살짝 물을 축인 면봉이나 거즈나 수건으로 닦아내거나 배경 색상과 동일한 물감으로 덧칠하거나 한다. 선 넘은 부

분에 수정된 흔적이 남지 않도록 더욱 세심히 살피고 조심해야 한다. 일단 선을 넘으면 기분이 썩 좋지는 않다. 하지만 엎질러진 물이니 잘 수습하는 것이 중요하다. 인내심을 갖고 꼼꼼히 수정 작업을 하는 것 외에 달리 방법이 없다.

그림을 그리다 선을 넘으면 이렇게 수정을 하면 되는데, 인간 관계에서 선을 넘으면 어떻게 대처하거나 수습해야 할까?

2-21

그림 삼계명

하나, 위축된 그림은 소심하고 지나친 그림은 허세로 보이니 어느 한쪽으로 치우치지 않도록 하라.

둘, 아무리 가리거나 숨기려고 해도 다 보이므로 항상 스스로에게 묻고 늘 솔직하게 대답하라.

셋, 그림을 평등한 마음으로 대하면 그림 또한 너를 평등하게 대할 것이며, 그로 인하여 서로 자유함을 누려라.

〈Harmony, Red & Yellow, Blue & Green〉, 2025.
Acrylic on Linen, 116.8×80.3cm

과유불급

나의 오감을 믿고 오감이 이끄는 대로 그림을 완성해 나가려 한다.

그림의 종착지는 완성도가 나의 기준에 부합되는지에 따라 결정된다. 그러기 위해 그리는 중간중간 구성되는 형태를 세심하게 관찰하고 몰입된 감정의 깊이를 느껴본다. 수많은 실험과 수정 과정을 거쳐야 한 점의 작품이 탄생되는데, 최종적인 완성에 이르기까지 바라보고 또 바라보는 '관찰'을 멈추지 않아야 한다.

마치 음악의 믹싱 작업과도 같다. 다만 오버 프로듀싱이 되지 않도록 판단하는 것은 오롯이 나의 몫이다. 과유불급은 어디에나 통용되는 진리다.

2-23
물감과 뷔페

물감이 남아 붓질 한 번 더 하려다 망친 경험을 자주 하다가 배운다. 배 부른 데 남긴 음식 아깝다고 억지로 먹다가 탈 날 때가 있더라.

앞으로 물감은 남기지 않을 정도로 적당히 짜고 음식은 딱 먹을 만큼만 그릇에 담아라.

2-24
검정

검정색을 쓸 때에는 용기가 필요하다.

검정은 용기의 색상이다. 모든 색을 압도한다. 해결사 같이 혼돈을 단번에 정리해 버리는 마법의 색깔이다.

검정은 관용과 포용의 색깔이다.

모든 허물과 과오를 덮어줄 것이며, 내리 쪼이는 따가운 햇살을 넉넉한 가슴으로 안을 것이다.

제 몸이 뜨거워져 타는 줄도 모르고 인내할 것이다.

〈Harmony, Red, Blue & Yellow〉, 2025, Acrylic on Linen, 34.8×24.2cm

2-25

검정을 보며

검정은 다른 색을 드러내므로 겸손하다.
묵묵히 자기 일을 하며 참견하지 않는다.
침묵의 색이며, 포용의 색이며, 질투하지 않는다.
경건하며 배신하지 않는다. 헛된 야망을 꿈꾸지 않는다.
검정같은 사람이 되어야 하겠다.

2-26

검정과 하양

검정은 실수나 허물을 덮어주고
다른 색을 돋보이게 한다.
검정 같은 사람이 되고 싶다.

하양은 다시 시작할 기회를 주며
모든 색을 빛나게 한다.
하양 같은 사람이 되고 싶다.

2-27

흰색을 위한 실험

배경색이 흰색인 그림을 그리고 싶다.
단순한 흰색이 아닌 뭔가 깊이 있는 흰색을 찾고 싶다.
그동안 몇 종류의 흰색을 하나하나
켜켜이 쌓아가는 방법으로만 했었는데,
새로운 방법을 실험해 보려고 한다.

흰색을 몇 번 밑칠한 다음 회색을 칠해 보려 한다. 회색 물감이 잘 마른 후, 그 위에 흰색을 칠하면 오직 흰색 만을 사용했던 배경과 다르지 않을까?

우선 칠해진 회색 물감이 완전히 말라야 하므로 내일 아침까지 기다려 보련다. 그리고는 잘 마른 회색 물감 위에 하얀 물감을 칠할 것이다. 어떤 흰색이 나올까? 회색이 완전히 덮어질 때까지 몇 번이나 흰 물감을 칠해야 할까?

2-28
하양을 보며

하양은 첫눈이다. 하양은 순결하다.
하양은 조화를 부르고 화합을 이끈다.
모든 색과 어울리길 좋아하고 섞이기를 잘한다.
그러니 누구나 하양을 찾는다. 하양은 시작이다. 그러므로 캔버스의 처음은 하얗다.

2-29
흰색이 필요해

뭔가 어두워 보일 때
뭔가 더 진한 느낌이 필요할 때
아, 빛을 불러오고 싶을 때
검정이 더욱 검정스러워야 할 때
인생에서 흰색은 무엇일까? 난 그대에게 무슨 색일까?

⟨Dandelion in White⟩, 2025. Acrylic & Gouache on Linen, 53×40.9cm

3장

회상

길을 걸었지 누군가 옆에 있다고
느꼈을 때 나는 알아버렸네

이미 그대 떠난 후라는 걸
나는 혼자 걷고 있던 거지
갑자기 바람이 차가와 지네

마음은 얼고 나는 그 곳에 서서
조금도 움직일 수 없었지

마치 얼어버린 사람처럼
나는 놀라서 있던 거지
달빛이 숨어 흐느끼고 있네

우 떠나버린 그 사람 우 생각나네
우 돌아선 그 사람 우 생각나네

묻지 않았지 왜 나를 떠나느냐고
하지만 마음 너무 아팠네

이미 그대 돌아서 있는 걸
혼자 어쩔 수 없었지
미운 건 오히려 나였어

우 떠나버린 그 사람 우 생각나네
우 돌아선 그 사람 우 생각나네

묻지 않았지 왜 나를 떠나느냐고
하지만 마음 너무 아팠네

이미 그대 돌아서 있는 걸
혼자 어쩔 수 없었지
미운 건 오히려 나였어

3-1

길을 걸었지

길을 걷다가 옆구리가 시려오는 순간을 누구나 경험하듯 아릿한 시림이 엄습해 오는 때가 있다.

그럴 때는 나도 모르게 회상을 읊조리게 된다. 마치 얼음 조각처럼 멈춰버린 나의 형상을 바라보며 끄집어낼 수 없는 깊은 슬픔의 심연에 빠진다. 그렇게 나는 나를 자책하며 아픈 과거를 회상한다.

미운 건 나였어!

3-2

미지의 세계

경험과 추억을 소환하여 과거와 미래를 연결 짓다.

⟨Woman in Chapel⟩, 2025, Acrylic on Linen, 25.8×16cm

3-3

산책

나는 오늘 숲을 걷기로 했다. 숲에서 보고픈 사람들을 만날 것이다. 아마 숲을 걸으며 울기도 할 것이고, 엷은 미소를 짓기도 할 것이다. 내 곁을 떠난 이도, 기억이 가물가물한 옛 사람도. 무엇보다 나를 가장 그리워할 한 사람. 그에게 나직이 건네고 싶은 말. 보고 싶다. 사랑한다.

3-4

미니멀리즘 색면 추상

내 그림이 마침내 도착한 곳이다.
거기 땅과 하늘이 있고, 강과 산이 있고, 물고기가 있고, 새가 있고, 온갖 꽃이 피어나고, 벌 나비가 날아다니고, 외딴섬이 있고, 빈 길이 있고, 빈집이 있고, 빈방이 있고, 내가 있고, 만나고 헤어졌던 수많은 사람이 있고, 아픈 기억이 있고, 슬픔이 있고, 한 줌의 즐거움이 있었네.

〈회상〉을 회상하다

1980년 초 취업으로 인해 산울림의 공식 활동은 중단됐고 80년대 말 〈회상〉이 역주행의 빅히트를 하고 있을 즈음 나는 미국에 있었다. 지금과 같은 디지털 시대가 아니어서 한국 소식을 실시간으로 알 수도 없었고, 직장에 몰두하고 있을 시절이라 별다른 관심도 없었다.

〈회상〉을 회상해보니 1980년대 말과 1990년대 초까지 산울림이 세대를 아우르는 장수 밴드로 자리매김하도록 하는 데 크게 기여한 곡이라는 사실을 뒤늦게 깨닫는다. 역설적으로 이후 9집 등 후속 앨범의 성공을 가로막았던 곡. 가장 리메이크가 많이 된 곡이기도 한 〈회상〉! 그 끈질긴 생명력은 어디에서 오는 걸까? 〈회상〉의 비결이 새삼 궁금하다.

〈Memento Mori〉, 2025, Acrylic on Linen, 116.8×80.3cm

3-6

Fax machine

운전과 타자와 영어가 특기이던 시절,
호랑이가 담배 피우던 시절과 맞먹는다.

해외로 편지 보낼 때 항공편은 비싸서 배편으로 보내던 시절, 항공편이 사치였던 그 시절.

무역회사에서는 해외 지사와 텔렉스로 교신하던 그 시절.

느닷없이 몇 초 만에 한국에서 미국으로 편지를 보내는 신기한 기계를 봤다고 설레발치던 김 대리님. 도대체 말이 되냐고?

반신반의하다 한참 후에 알게 된 사실,
그 기계는 바로 Fax Machine.

3-7
티라미수

약 40년 전 LA 남쪽 San Pedro 어느 식당.
갈매기가 날고 배들이 한가로이 정박해 있던 어느 화창한 날 손님은 나를 그곳으로 안내했다.

지금도 기억이 나는 건 식후 디저트.
아이스크림처럼 부드러운 케이크에
초콜릿 가루가 소복이 뿌려진
입에 살살 녹은 환상적인 맛.
은은히 퍼지는 브랜디 향이
단맛과 조화롭게 어우러져 미각의 파라다이스였다.
나는 그 이름을 기억하지 못했다.

수개월 후 다시 찾은 그 식당
드디어 나는 디저트 이름을 알게 되었다.
티라미수. 지금은 누구나 아는 흔하디흔한 디저트.

불현듯 세월은 그날의 티라미수처럼 녹아내렸다.

3-8
이민

이민을 가려고 하시는가?

그 이유와 핑계가 다양하겠으나 나라를 옮겨 이사하는 것이니 새로 태어나는 것이나 다름없음이라.

언어가 바뀌고 풍경이 바뀌고 학교와 교육이 바뀌고 무엇보다 성인이라면 유치원생이라 생각하고 말과 관습을 새로 배워야 하리. 즉, 모두 새로 시작해야 하는 것임.

그런 도전과 변화의 가치가 있는지 판단하기는 쉽지 않은 일이리라. 이민하여 성공한 분들의 스토리나, 이국의 풍경과 색다름에 끌리는 마음을 폄하할 생각은 추호도 없지만, 순간의 유혹에 빠져 결정하지 말기를 바라는 마음이 드는 것은 두 번에 걸친 이민(미국과 캐나다) 경험이 그리 순탄치 않았기 때문이다. 결국 귀소본능의 언어처럼 고국으로 돌아와 문득 나의 이민 결정이 현명했던가 하는 자문과 상념에 빠지게 되는 것이다. 선진국의 대한민국을 떠나는 이민이란, 이곳 대한민국으로의 이민을 꿈꾸는 이들은 도저히 이해할 수 없으리라.

그림 그리기 좋은 나라

　나는 단연히 대한민국이 화가들의 천국이라 생각한다. 그림 그리기 전에는 사실 미처 몰랐다.
　2024년 10월경 그림을 그리기로 결심하고 처음 들른 곳은 선릉역 근처의 한 화방이었다. 뭘 사야 할지도 모르고 무턱대고 아크릴 물감 십여 개와 붓, 나이프 몇 자루를 샀다. 캔버스는 온라인 쇼핑으로 해결했다. 한국이 화가들의 천국이라 생각하는 것은 내가 수십 년 살아왔던 미국과 비교할 때, 캔버스 등 미술 재료가 싸고 빠르게 배송되기 때문이다. 거기에다 빠질 수 없는 것이 맞춤형 액자 가격이다. 상대적으로 우수한 품질에 저렴한 가격은 물론, 무엇보다 빠른 납기까지 무엇 하나 부족함이 없다. 한국인의 손재주와 일머리는 세계 최고 수준이라 자부할 만하다.

〈Serendipity〉, 2025. Acrylic on Linen, 116.8×80.3cm

3-10

행복한 일기

아침 일찍 일어났습니다.
세수하고 양치질했습니다.
학교에 가서 공부했습니다.
선생님께서 잘했다 칭찬하셨습니다.
하교 때 아는 아줌마에게 인사했더니,
너 참 착하다 하셨습니다.
오늘은 칭찬을 두 번 받아 기분 좋은 날입니다.

3-11

삼 형제

요즘 보기 드문 풍경이다. 식사하러 온 식당 옆 테이블에 아이를 셋이나 키우는 젊은 부부의 5인 가족. 아이들을 살뜰히 챙기는 자상한 아빠의 모습이 인상적이었다.

그렇다. 우리도 삼 형제로 올망졸망 부대끼며 살았었지. 아버지와 동생이 먼저 먼 길 떠나고 이제 어머니는 요양원에 계신다. 다섯으로 시작된 가족이 셋이 남았다. 이런저런 상념에 젖는다. 생명은 때로 너무 허술하고 인생은 한 줄기 바람이려나. 우연히 만난 어린 삼 형제를 바라보니 산울림 삼 형제의 아련한 시간과 지나간 세월이 주마등처럼 스쳐 지나간다. 삼 형제를 보유한 애국 가족에게 밝은 미래가 펼쳐지길 소망하며 자리에서 홀연히 일어난다.

3-12

아버지 뒷모습

묵묵히 앞서 걸어가는 뒷모습 바라보며
아무 말씀 없어도 나는 배우네
고개를 들라 어깨를 펴라
마주치는 풍경과 꽃들을 보라

가끔은 뒤돌아 나를 살피시고
아무런 말씀 없이 가던 길 가시네
하늘을 보라 미소를 지으라
불어오는 바람 때로는 쉬어 가라

3-13

어머니의 옷

    계절이 바뀌니 봄날에 입으시던 니트 조끼를 찾으신다. 베이지색과 검은색 각각 한 벌씩 장롱 서랍이나 서랍장, 어디에 있을 것이라 말씀하신다.

    두 번 세 번 찾아봐도 찾을 수가 없었다. 엊그제 엄니와 식사를 하는데 엄니께서 니트 조끼를 다시 말씀하신다. 나는 다시 더 샅샅이 찾아보겠다고 말씀드리며 엄니가 입으시는 옷 사이즈를 넌지시 여쭤보았다. S 사이즈 아닌가요? 하니 옷 사이즈도 나이를 먹는다며 구십오(95)라 하신다. 사이즈가 당신의 나이와 같다는 것에 살짝 미소를 띠셨다.

    집으로 돌아와 니트 두 벌, 좀 밝은 기분이 나는 벽돌색과 핑크색으로 주문하였다. 왜 진즉 사드릴 생각을 못 했을까? 조끼 두 벌은 내일 아침 엄니께 배달될 것이다. 여름 잠옷도 사드려야겠다.

    엄니는 지금 요양원에 계신다.

⟨Andante in Black⟩, 2025. Acrylic & Gouache on Linen, 53×40.9cm

3-14

9학년 5반

그림 2점을 보여주셨다. 새의 날개 몇 개를 연이어 덧붙인 콜라주 형태의 새 그림과 파스텔 톤으로 형형색색 그려진 꽃 그림. 얼른 사진에 담았다.

외할아버지에게 얼마나 어여쁜 딸이었을까?

일제 강점기 당시 보통학교를 다니셨고 해방 직후 개성여고를 나오셨지. 1950년, 20세 꽃다운 나이에 결혼하자마자 6․25전쟁의 소용돌이에 휘말리면서 신혼의 단꿈은 무참히 짓밟혔다. 풍비박산 난 대한민국의 모든 가정과 마찬가지로 온 가족이 뿔뿔이 흩어졌다. 남편은 군대에 징병 돼 속성으로 장교 교육을 받은 뒤 소위 계급장을 달고 강원도 최전방에서 혹독하고 치열한 전투에 투입됐는데 용하게 살아남으셨다.

이후 혼돈과 격동의 시기에 삼 형제를 지성으로 키우셨고, 한창나이에 중풍으로 쓰러진 남편을 수발하셔야 했다. 70세가 넘어 남편 먼저 먼 길 떠나보내시고 혼자 되셨다.

필설로 형용할 수 없는 온갖 고생 끝에 자식들 모두 출가시키시고, 인생 후반을 나름 보람차고 활기차게 지내던 어느 날 하늘에서 청천벽력의 소식이 전해졌다. 캐나다로 이민 간 막내아들이 하루아침에 사고를 당해 세상을 떠난 것이다. 상상조차 하기 힘든 시기를 꿋꿋이 견뎌내고 가슴 한편에 남아 있는 실낱같은 긍정의 힘으로 망각에 기대어 살아내셨다.

남편 사후 수십 년이 흐른 뒤에야, 6·25 참전 공훈이 인정돼 뒤늦게나마 화랑무공훈장으로 영예스런 보훈 가족이 되었다. 평생의 고달픈 인생살이의 첫 보상이었던 셈이다.

나라면 그런 질곡의 인생을 살아낼 자신이 없다.

우리 부모 세대의 역경과 희생은 필설로 형용할 수 없으리라. 그럼에도 늘 웃음과 긍정의 활달한 기운은 타고난 천성인가? 아닐 것이다.

인내와 순응의 미덕이 체화돼 그렇게 느껴졌을 것이다. 그 결과 나는 그런 엄마의 가림막 아래 먹구름과 폭풍우들을 경험하지 못했다. 모두 나를 비껴갔다고 여겼다. 아니 그런 것들이 있었는지도 몰랐을 정도로 철저한 사랑과 보살핌 속에 자랐던 것이다. 지금도 새벽마다 나를 위해 기도하며 나의 안위를 비신다.

최근 몇 년 사이 갑작스런 몇 번의 넘어짐과 쓰러짐이 있었다. 뼈가 부러지고, 어긋나면서 몇 차례 겪은 수술들. 하

〈Life Maze I〉, 2025, Acrylic & Gouache on Linen, 90.9×65cm

지만 보란 듯 오뚝이처럼 다시 일어나셨다. 천운이자 당신 노력의 결과이다.

퇴원 후에는 재활과 운동도 빠짐없이, 일기와 독서도 거르지 않고, 심지어 가계부까지 쓰셨다. 하지만 이제 더 이상 당신 스스로를 감당할 수가 없어 얼마 전에 요양원에 입교하셨다.

서두에 언급한 2점의 그림은 요양 유치원 그림 그리기 프로그램에서 그리신 것이다. 우리 엄니 장은성은 현재 9학년 5반, 만 95세이다.

3-15

욕실 청소 솔

욕실에서 엄니가 쓰시던 솔이 하나 있다.

그림 도구로 좋을 거 같아 작업대 위에 올려놓았다. 물감으로 더럽혀질까 망설여진다. 더럽혀져도 그림 도구로 사용할까, 그냥 놔둘까? 엄니께 여쭙고 싶다.

초록을 보면

초록을 보면 시금치가 생각난다

시금치는 김밥과 사이다와 소풍을 생각나게 한다

숲이 느껴지고 새소리가 들린다

밝은 초록은 햇살이 반사되어 그렇다

초록은 군복과 어머니의 눈물을 떠올리게 하고

또한 지나버린 청춘을 끄집어낸다.

시금치 된장국

숲의 얼굴은 어떤 모습일까?

시금치를 씻으며 초록 빛을 바라본다

아, 여기 이 초록이 바로 숲이구나

시금치의 초록이 바로 내가 그리려던 숲이었다.

⟨Monologue⟩, 2025. Acrylic & Gouache on Linen, 53×40.9cm

파랑을 보면

바다와 하늘이 보이고,

누군가는 희망이 보인다 할지 모른다. 희망과 대비되는 절망과 괴로운 시절이 생각날 수도 있겠다.

수영장이 생각나고 함께 있던 이가 생각나고, 파도 소리와 갈매기 울음소리가 아득히 들리고,

강물 위를 유유히 노니는 오리 떼가 보인다.

요트가 몇 척 떠 있고 예비부부의 사진 촬영이 분주하다.

〈Blue Heart〉, 2025. Acrylic on Linen, 116.8×80.3cm

노랑을 보면

노랑 장갑이 생각나. 네가 즐겨 끼던.

노란우산이란 공공 단체도 생각나지.

그래서 그런지 왠지 착한 색이라는 느낌이 들어.

색에도 선한 색과 악한 색이 있을까?

노랑, 하면 레몬이 생각나고, 레몬을 좋아하는 그가 생각나네.

뭔가 건강해 보여. 어떤 기업도 생각나고.

노랑나비와 개나리가 보이고 노란 단무지와 김밥과 어린 시절의 소풍 길이 생각나.

〈Big Smile〉, 2025. Acrylic & Gouache on Linen, 90.9×65cm

색상의 의미

빨간색에서 누군가는 생명의 피를 떠올릴지 모르겠다. 나는 그저 사랑이 연상된다면 족하다.

보라색은 판타지와 꿈으로 대체될 수 있겠다.

파랑에서 하늘과 평화가 보이지 않을까?

노랑은 기다림과 레몬과 우산이 생각날 수 있겠지.

검정은 밤이나 원시, 죽음, 또는 침묵을.

흰색은 슈베르트의 백합과 백석 시인의 흰 당나귀와 흰 나비, 오월의 신부를 의미하는지도 모른다. 그렇게 색은 각각 고유의 다채로운 의미를 갖는다. 난 그런 색을 칠하고 바라보며 과거를 회상하고 미래를 꿈꾼다.

참, 주홍색에서는 백일홍과 노을이 떠오를지 모른다.

사진사

찰나를 박제하려 한다.

웅크리거나 기울어진 자세로.

찰나가 박제되는 순간,

그는 허리를 폈다.

바로 그때, 화가도 그림을 완성하였다.

4장

독백

어두운 거리를 나홀로 걷다가
밤 하늘 바라보았소
어제처럼 별이 하얗게 빛나고 달도 밝은데
오늘은 그 어느 누가 태어나고
어느 누가 잠들었소
거리에 나무를 바라보아도
아무말도 하질않네

어둠이 개이고 아침이 오면은
눈부신 햇살이 머리를 비추고
해밝은 웃음과 활기찬 걸음이 거리를 가득 메우리
하지만 밤이 다시 찾아오면
노을 속에 뿔뿔이 흩어지고
하릴없이 이리저리 헤매다
나 홀로 되어 남으리

야윈 어깨 너머로 웃음소리 들려
돌아다보니 아무것 없고
차가운 바람만 얼굴을 부딪고 밤이슬 두 눈 적시네
나 혼자 눈감는 건 두렵지 않으나
헤어짐이 헤어짐이 서러워
쓸쓸한 비라도 내리게 되면은
금방 울어 버리겠네

4-1

〈독백〉의 독백

가요는 왜 사랑 얘기 천지일까? 독백은 그렇게 생각하며 인생과 삶을 노래하는 쉬운 노랫말을 오랜 기간 구상해 가사의 얼개를 뜨개질하듯 한 땀 한 땀 만들어 나간 곡이었다. 또, 작곡에는 가장 오랜 시간이 걸렸던 특별한 곡이었다. 보통 작곡은 순식간에 또는 몇 시간 안에 90% 정도 끝난다. 하지만 독백은 그렇지 않았다. 소가 되새김질하듯 인생의 허무에 천착하며 마음과 정성을 쏟아 만든 곡이다.

2절 가사에 나오는 '하릴없이'를 '할일없이'로 오해하는 경우가 있다. 뜻이 완전히 다름에도 불구하고 말이다. 하릴없이는 '어쩔 수 없이"라는 의미이다. 하릴없이 이리저리 헤매다 나 홀로 되어 남으리. 할 일 없이 이리저리 길거리를 배회하며 방황하는 게 아니라, 인생이란 어쩔 수 없이 목적 없이 헤매는 가련하고 슬픈 존재로 인식된다는 것이다.

3절 끝에 '쓸쓸한 비라도 내리게 되면은 금방 울어 버리겠네'로 마무리된다. 그때 비가 내렸을까? 독자들은 어떻게 생각하시는가?

* 〈독백〉은 1981년에 발표된 산울림 7집 수록곡이다.

4-2
하루

오늘 하루를 보내면 그 하루는 어디로 가는 것인가? 그 시간은 어디로 가서 어디에 머무는가?

하늘의 구름처럼 영원히 흔적 없이 사라지는가? 사라졌다가 내일의 하루로 돌아오는 건가? 답도 없는 질문을 하며 하루가 저문다. 시간은 이렇게 덧없이 흘러만 간다. 그대의 하루는 어떠한가?

4-3
인파와 세파

출퇴근길의 거리나 버스, 전철에 사람의 파도가 밀려오고 또 밀려간다. 보이지 않지만, 시간도 그렇게 밀려오다가 밀려간다.

세파에 휩쓸리는 인파의 모습이 오늘따라 또렷하게 보인다. 그 한가운데 나도 보이지 않는 작은 점처럼 휩쓸리다가 소리 없이 사라질 것이다.

〈Self Portrait〉, 2025. Acrylic on Linen, 116.8×80.3cm

4-4

New Nomad

직장 생활 30년. 무능의 대명사가 된 지 오래다.

감추고 싶은 이력을 함부로 내밀지 마라.

세상은 빠르게 변했고 더 빠르게 변한다.

먹고 사는 문제에 대하여 원시 시대로 회귀하는 건지도 모른다. 한곳에 정착할 곳 없는 시대.

우리가 살아가는 New Nomad 시대.

4-5

쓸모에 대하여

쓸모 있다. 쓸모없다.

있는 쓸모가 없는 쓸모보다 쓸모가 있으리라.

쓸모는 그렇게 쓸모 있게 처신한다.

나는 쓸모가 있는가? 쓸모에게 묻는다.

4-6

배고픔

산책하다가 점심 식사 시간이 늦어졌다.

불과 한 시간 늦어진 것뿐인데, 위장에서 혈관에서 아우성이다. 머리는 비어지는 듯하고 땀이 솟아오른다.

배고픔을 모처럼 느끼다 보니 제때 식사할 수 있는 것만으로도 큰 복이라 생각된다. 먹을 것 구하는 일이 하루의 주된 일과였던 시절이 있었는데, 배부른 요즘 시대 더 행복한가? 부질없는 질문을 해 본다. 그나저나 배고픔 느끼는 건 건강하다는 증거 아닌가?

4-7

술

술 마시면 입이 술술 열리고
술 마시면 맘이 술술 풀리고
술 마시면 몸이 술술 늘어진다.

유튜브 왕국

유튜브는 세계에서 인구가 가장 많은 대국이다.

유튜브 국가는 공화정이 아니라 왕정이다.

왕족이라는 창업주가 있고 주주라는 지배층이 있다.

대부분의 시민은 사실 노예다.

권리금이니 자릿세 없이 얼마든지 가게를 열어 돈벌이를 할 수 있다고 말하지만, 일찌감치 시류를 잘 읽은 선견지명이 있는 몇몇 시민 외에는 평생 가난과 궁핍에서 벗어나지 못한다.

일부 언론에서 정말 예외적인 상위 1%의 성공 사례를 띄우면서 유튜브 왕국이 마치 유토피아인 것처럼 요란스레 떠벌리고 있지만 그대로 믿고 도전하다 현실을 깨닫는 데에는 그리 오랜 시간이 필요하지 않다.

노예와 다름없는 유튜브 시민으로 살기보다는 이중국적이나 원래의 모국에서 소시민으로 사는 게 훨씬 나을 수 있다. 유튜브는 결코 모두가 꿈꾸는 이상향이 아니며 민주복지국가는 더더욱 아니다. 단지 일상의 유익한 도구와 수단일 뿐 목적이 아니다. 그러니 유튜브에 목매지 마라.

4-9
여유와 여백

인터넷과 AI의 온갖 정보와 영상이 넘쳐 나는 세상에서 뭘 새롭게 더하여 보여줄 수 있단 말인가? 구상의 그림도, 추상의 그림도, 그 버무림도, 상상력의 한계를 뛰어넘는 기발한 창의력과 거대한 스케일에 압도되고 무기력해질 뿐이다. 그저 나의 그림은 바라보는 이들로 하여금 색다른 색감과 여백과 단순함의 즐거움을 느끼는 것으로 족하다. 굳이 사족을 달자면 여백의 공간 속에서 보이지 않는 것들이 보이고 느껴지길 기대해 볼 뿐이다.

4-10
채식주의자

세상은 거대한 약육강식의 정글.
도시라고 문명사회라 생각지 말라.
헤아릴 수 없이 무수한 생명으로 마련되는 한 끼의 식사.
대체 뭘 먹고 살아야 하는가?

〈Lost Woman, Red〉, 2025. Acrylic on Linen, 116.8×80.3cm

4-11

나는 병자

나는 병자, 앞으로의 일만 생각한다.

내일과 모레만 생각한다. 그렇다! 일주일 뒤의 일도 생각하는구나.

나는 뒤를 돌아볼 수 없다. 나의 허물과 만행과 실수와 오만들이 나를 찌그러뜨릴 게 뻔하니.

언제까지 의도적으로 피할 수 있을까?

나는 그런 나를 정확하고 예리하게 지켜보고 있다. 아니, 나를 잊으려 하고 있다.

4-12

투명인간

존재하나 존재하지 않는 존재

누구나 경험하거나 경험했을 현대인의 슬픈 초상

⟨Lost Woman, Blue⟩, 2025. Acrylic on Linen, 116.8×80.3cm

4-13

쓸쓸

쓸쓸하게 고개 숙인 남자
쓸쓸하게 뒤돌아 가는 여자
쓸쓸하게 어긋난 두 사람

4-14

그래도 괜찮다

잘못 그렸다. 그래도 괜찮다.
지우거나 덧칠하면 된다.
어제의 잘못으로 후회스런 일이 있더라도 괜찮다. 고치거나 또 바로잡으면 된다. 그래, 그림처럼 살 일이다. 완벽해 보이는 그림도 무수한 시행착오를 견뎌 왔다. 반 고흐나 모네의 그림도 엑스레이를 찍어보면 지금의 그림 아래에 완전히 다른 그림이 그려진 경우가 있다고 한다. 캔버스가 귀하던 시절 마음에 안 드는 그림 위에 덧칠을 하고 새로 그린 것이다. 그렇게 명화가 탄생했다.

잘못 그린 그림을 통해 배우고 자란다. 우리의 인생이 그러하다.

4-15
쓸모에 대하여

쓸모 있는 사람이 돼야 한다.

쓸모 있는 사람이 돼야겠다.

어린 시절부터 어른이 되기까지 평생 세뇌된 문장이다. 과연 그러한가?

쓸모의 사전 의미는 쓸 만한 가치라 한다

대체 누가 누구를 쓸모 있다 없다 판단한단 말인가?

사람 사는 사회에 서열과 계급이 있고, 신분과 빈부의 차이가 있으며, 불평등과 억압과 통제와 지배와 피지배가 있음을 깨닫기까지 오랜 시간이 걸린다.

수 세기 전에야 비로소 이 지상의 세계에 도착한 평등과 자유라는 단어는 가진 자나 지배층이 하부층을 달래는 달콤한 사탕발림 같은 것이며, 근대에 이르러 겨우 몇몇 민주국가에서나 조금 맛볼 수 있는 금단의 사과와 같은 것이다. 그나마 철이 들거나 어른이 되어야 깨달을 수 있는 봄철 아지랑이처럼 가물가물 애매모호하거나 먹자마자 녹아 사라지는 아이스크림 같은 것이다.

그나저나 그대는 과연 쓸모 있는 사람인가?

작업실이 필요한 이유

미술 작업실이 왜 필요할까?

그냥 집에서 그리면 되지. 여태껏 그런 생각이 들었다. 물론 있으면 좋겠지. 하지만 오며 가며 시간도 빼앗기고 또 지출도 늘어나고 뭐가 좋을까? 하지만, 내게 작업실이 필요하다면 그 이유는 규칙적인 숙면이 필요하기 때문이다. 거실이나 방에서 그림 작업을 하면 취침 시간을 놓치게 되고 생체 리듬이 깨져서 자칫 건강을 해치기 쉽다. 그림에 전념할수록 그런 현상이 두드러지고 잦아진다. 작업실을 얻어도 될 수준이 될 때까지 자기 관리에 유의해야 하겠다.

⟨Diamond Flower in Black⟩, 2025.
Acrylic & Gouache on Linen, 53×40.9cm

4-17
이젠 나이 좀 들었다는 생각

언제 그러한가?

지하철에서 자리 양보를 받을 때

군인이나 경찰이 어리게 보일 때 특히 무궁화 계급장을 달고 있는 장교나 경찰 간부마저 어려 보일 때

나이 지긋한 양반이 내 앞에서 허리를 구부릴 때

운동량을 조금씩 줄여야 할 때

무엇보다 생활 소음에 예민할 때

나도 모르게 어깨를 오그리고 허리가 굽어질 때

과일 깎으며 '아직은 괜찮구나'라며 새삼 감사할 때

4-18
약순환

악순환이 아니라 약순환.

몸이 아프면 병원 가서 진단받고 처방받아 약국에서 약을 사고,

약을 먹기 위해 달아난 입맛을 잡아 복종시켜 삼시 세끼 하도록 강제한다.

약순환!

4-19
어느 날 지하철에서

낼모레가 칠십인데 아직 오십 같아
의자에 앉아 있던 머리 희끗한 신사가
슬그머니 일어나 자리를 내어주네
아주 짧은 순간 내 나이 잊고 있었네

4-20
나를 낮춘다는 거

강제적으로 나를 낮춘다는 건 굴종이라 말하고,
의식적으로 나를 낮춘다는 건 예절이라고 말하며,
몸에 배어 나오는 낮춤을 겸양이라고 말한다.

행복론

소소한 것에 행복을 느낀다는 소확행
큰 틀에서 감사한 사실에 행복을 느낀다는 대확행

나는 둘 다 아니다.
한 그루의 나무가 큰 뿌리와 댓줄기(대확행), 그리고 잔가지와 잎사귀(소확행)가 함께 어울려 존재하듯, 소확행과 대확행이 조화롭게 어울려야 진정한 행복이 오래 유지될 수 있다 여겨진다.

따라서 둘이 시의적절하고 균형되게 조합된 중확행이 진정한 행복이라 생각한다.
바로 중용의 도가 아닐는지.

⟨Wine Party⟩, 2025. Acrylic & Gouache on Linen, 53×40.9cm

세상에 공짜가 어디 있어?

있다! 사실 가장 귀한 것들은 공짜이다.

공기
물
햇살
나무와 숲
산과 바다
공원과 산책길 등등

그리고,

웃음
친절
배려
인사
믿음
사랑 등등

〈Wooden Boat〉, 2025. Acrylic on Linen, 116.8×80.3cm

4-23

반짝반짝 빛나는 그림

반짝반짝 광이 나고 빛나는 그림이 좋은 줄 알았습니다.
하지만 나를 매료시키는 그림은
끝이 보이지 않는 깊은 색상의 세계를 묵묵히 드러내는,
빛을 반사하지 않고 오히려 흡수하는 그런 그림이었습니다.
사람도 그러합니다.

4-24

잘 산다는 거

남을 해롭게 하지 않는 거
자신과 남을 이롭게 하는 거
이로운 것을 세상에 남기려는 거

어른의 얼굴

처음 경험하는 어른이란 이름의 얼굴,

거울에서 무심한 표정의 얼굴을 보다가 깜짝 놀랐다.

왜 화난 얼굴인가? 화나지 않아도 화난 얼굴로 보이는 이 얼굴.

아마 수양이 부족하거나 잘못 살아와서 그럴 것이다.

이후로 가벼운 미소를 지은 표정으로 바꿔보려 노력하지만, 혹자는 어른의 웃음이 너무 가볍게 보이거나 철없어 보이거나 다소 억지스럽거나 바보스럽다 할 수도 있을 것이다.

그래도 화난 얼굴보다 낫지 아니한가.

(4-26)

고맙다

　고맙다! 아침부터 일터로 향하는 젊은이들이여.
　혼잡한 출근길 힘들고 짜증이 날 듯도 한데 의젓한 자세로 분주히 목적지로 진군하는 모습이 고맙다.
　편의점 알바는 밤샘을 했는지 큰 하품을 하다 마주치자 멋쩍게 웃는다. 그 웃음이 고맙다. 횡단보도를 건너려는데 빨간색 숫자 시계가 깜박거리며 숫자를 카운트다운 한다. 누군가 고안해 내고 그걸 열심히 기안하고 집행해서 시민들의 안전을 지켜주니 고맙다. 세계 최초의 주행유도선 안내도 고맙고 고맙다. 산책로마다 운동 기구가 보이고 푸른 숲 곳곳에 자리한 벤치들이 고맙다. 방과후 축구 교실로 직행하는 건강한 어린이가 고맙고, 주민센터의 친절한 직원들과 일류 서비스가 고맙다. 가까운 곳에 있는 과일 가게의 한결같은 품질과 친절이 고맙고, 반찬과 국거리를 파는 시장 골목길이 고맙다. 수돗물과 전기가 고맙고 따뜻한 목욕물이 고맙다.
　고마움의 색깔은 무엇일까? 무지개 색깔일까?

〈Fly High〉, 2025, Acrylic & Gouache on Linen, 53×40.9cm

착하다

엘리베이터에서 인사하는 초등학생, 참 착하다.

길거리 가다 휴지 줍는 사람 참 착하다.

이중 주차된 차량을 밀어주려 다가오는 사람, 참 착하다. 지하철 안에서 가방을 가슴으로 옮겨 매는 사람, 참 착하다. 남모르게 기부하는 사람 참 착하다. 알게 기부하는 사람도 착하다. 자기 피를 나누어 주려고 헌혈하는 사람도 착하고.

사실 길거리 붕어빵 장사도 착하다. 길모퉁이 트럭을 세워 놓고 눈치 보며 과일 파는 사람도 착하고, 시장에서 반찬 팔고 생선 파는 사람도 착하다. 착하고 착해서 흔히 이야기 하는 아랫일을 하는 것이다. 사람에게 위아래가 어디 있겠냐고 하지만 사람 사는 일이라 위아래가 있기 마련이다. 동서고금 언제 어디서나 똑같다.

미술 치료

색상의 크기는 그릴 당시의 감정에 좌우된다.

노랑 바탕에 남색의 크기를 제일 크게 했다면 아마 고독을 이야기하고 싶었는지 모른다. 깊은 심연에 빠진 경험이 무의식적으로 나타난 것인지도 모른다. 주홍색 바탕에 하늘색의 크기가 젤 컸다면 떠나간 이별 끝에 또 다른 희망을 기대하고 있는지 모를 일이다.

프로이트의 말처럼 무의식의 세계가 자아를 지배하고 그림은 자아 속에서 태어나는 것이니, 그림이 무의식의 발로라면 그림이 무의식의 상처를 치유할 수단이 될 수도 있겠다.

아, 그래서 미술치료라는 분야가 생긴 것인지도 모르겠다. 말이 되네!

4-29
구상에서 추상을 건지다

구상 속의 추상, 추상 속의 구상.

현실 속의 초현실, 초현실 속의 현실.

형태와 공간과 색을 통한 미학적 아름다움에 대한 질문을 던지고 싶었다.

우리에게 익숙한 삶의 구상적 공간과 형태에서 추상적 관념을 적용해 보면 추상이 반드시 어려운 것만은 아니다.

4-30
고백

시를 읽고, 노래 만들어 부르고,

그림 그리고, 글 쓰고, 산책이나 다니고

누가 보면 천국에 살고 있는 줄 알겠다.

살아 남으려고 발버둥 치는 줄도 모르고.

⟨Scream⟩, 2025. Acrylic on Linen, 116.8×80.3cm

5장

나 어떡해

나 어떡해 너 갑자기 가버리면

나 어떡해 너를 잃고 살아갈까

나 어떡해 나를 두고 떠나가면

그건 안돼 정말 안돼 가지 마라

누구 몰래 다짐했던 비밀 있었나

다정했던 네가 상냥했던 네가 그럴 수 있나

못 믿겠어 떠난다는 그 말을

안 듣겠어 안녕이란 그 말을

나 어떡해 나 어떡해 나 어떡해 나 어떡해

5-1

〈산〉이 무너지고 〈울림〉이 멈추고

2008년 1월 30일. 뉴욕 출장을 마치고 뉴저지 뉴왁 공항에서 수속을 끝낸 뒤 라운지에서 대기하던 중이었다. 흐릿하고 우중충한 날씨였던가?

시카고에 있는 직장으로 돌아가는 길, 느닷없이 오랜만에 밴쿠버의 서 사장으로부터 전화가 왔다. 다짜고짜 "창익이 죽었어!" 뭐라고? "눈길에 지게차가 넘어져 깔려서 병원으로 이송 중에." 뭐라고? 뭐라고? 뭐라고?

이게 뭐지? 내가 꿈꾸는 게 아닌데.

졸지에 그렇게 막내를 잃었다.

살아생전에 겪은 가장 큰 충격과 비통함을 어찌 잊을 수 있을까? 책을 내기 위해 글을 쓰다 보니 그날이 다시 소환된다.

2007년 산울림 LA 공연이 마지막이 되었다. 돌이켜 보니 공연 뒤 뒤풀이하고 버스에 올라타며 작별을 고하던 그 순간이 영원한 이별의 순간이었다

그렇게 〈산〉이 무너지고 〈울림〉이 멈췄다.

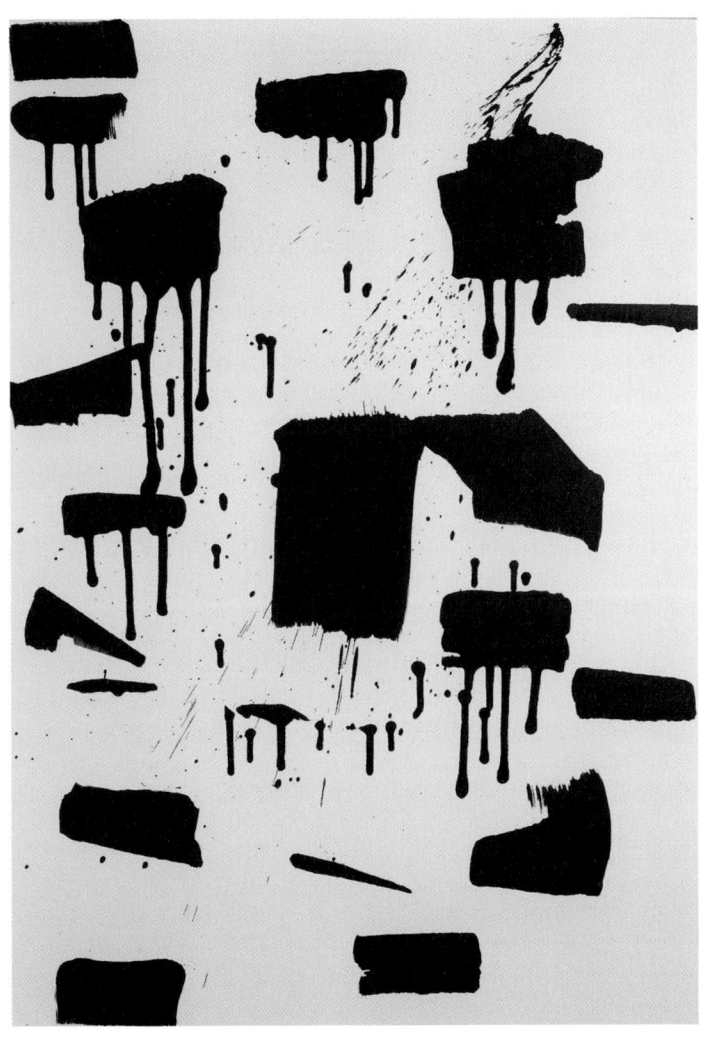

⟨Piano Ensemble⟩, 2025. Acrylic on Linen, 116.8×80.3cm

5-2
그림은 공연

　한 점의 그림을 완성하고 나니 허탈감이 밀려온다. 산울림 시절의 공연이 생각이 나고 먼저 세상을 떠난 막내의 드럼 소리가 쟁쟁거리기도 하고 아련하기도 하다. 음악이 슬픔이 되었던 그 순간. 영원히 되돌릴 수 없는 그 순간. 먹먹했던 비현실적인 비보와 함께 이후의 음악은 영원히 슬픈 작업이 되었다. 음악은 오랫동안 곁에서 나를 지탱해주는 나의 자랑이었으나, 그날 이후 음악에는 슬픔의 그림자가 드리워졌다. 항상 음악을 만들고 연주하지만 모순적이게도 음악을 찾아 들으며 즐기지는 않는다.

　완성된 그림을 바라보며 음악을 생각하고 공연의 허탈함과 비슷하다는 생각을 했다. 산울림과 막내를 떠올리다 보니 오늘은 종일 우울할 듯하다. 완성된 그림이 이렇게 슬픔을 부르기도 하는구나.

5-3

방문객(정현종 시인)

정현종 시인의 「방문객」은 한국인이 가장 애창하는 시 중의 한 편이다. 시노래 작업을 시작하기 전에 주변의 자문을 구하는 과정이 있었다. 그 하나가 시에 정통한 고교 동창 김영철과의 만남이었다. 중식당에서 독주를 겸한 저녁 식사를 하며 유쾌한 분위기 속에서 그 친구는 나에게 첫 시노래로 정현종 시인의 「방문객」을 권유하며, 첫 출발의 의미와 시인의 문학적 무게감을 고려할 때 이보다 더 좋은 선택이 없을 것이라고 덧붙였다.

며칠 뒤 「방문객」 작곡이 순조롭게 마무리돼 유튜브 채널 〈시와 음악 사이〉에 업로드하였다. 시노래 1,000곡의 작곡은 2021년 5월 23일, 그렇게 시작됐다.

"방문객으로 한 사람의 일생이 온다"는 장엄한 시구가 그 친구의 말처럼 오래도록 가슴을 파고든다. 그 친구는 얼마 전 안타까운 사고로 유명을 달리하였다. 이 자리를 빌려 삼가 친구 김영철의 명복을 빈다.

5-4
이어령 선생님

  이어령 선생님 3주기를 맞아 추모하는 자리에 다녀왔다.
  북한산 평창동 산자락에 고즈넉이 자리한 영인문학관.
  생의 마지막까지 머무르셨던 서재와 집필실을 안내받으며 선생님의 흔적과 향기를 느낄 수 있었다. 가구 장인께서 만들어 선물하신 맞춤형 벽면 책장 가득 채운 책들은 마치 추상화 같았고, 햇살이 드리운 남향 창문엔 벚꽃과 온갖 봄 내음이 물씬 풍기는 한 폭의 풍경화였다.
  거동이 여의치 않아 누워 계셨던 길쭉한 갈색 가죽 소파와 인터뷰하실 때 앉으셨던 가죽 의자에 선생님께서 살아 숨 쉬고 계셨다. 한쪽 벽면에는 선물 받으신 이어령 선생님의 초상화('장군의 수염'이란 글씨가 적혀 있는 그림)와 여러 예술 조각 작품들이 선생님을 기다리는 듯 또는 자기들끼리 대화하는 듯 다소곳이 앉아 있었다.
  옆 방에 꾸며진 집필실에 들어서니 닭을 주제로 한 그림이 여러 점 있었는데, 선생님이 닭띠였다는 설명이 있었다. 미디어아트 창시자인 백남준 선생님의 그림 두 점과 생존해 계신 세계적인 거장 이우환 화백의 그림이 책상 뒤에서 묵묵히 아우라를 뿜어내고 있었다. 짧은 거리의 이동을 위해 의지하셨을 실버카트와 휠체어도 가지런히 형제처럼 놓여 있었다.

항암치료를 거부하며 존엄하게 죽음을 맞으신 선생님께서는 마지막 날까지 영혼과 의식이 또렷하셨단다. 나도 그런 죽음을 맞이할 수 있을까? 경외심마저 드는 선생님의 마지막 모습을 상상하면서 숙연한 마음과 나의 가까운 미래를 곱씹어 보았다.

이어령 선생님의 시 「정말 그럴 때가」가 수록된 시노래 1,000곡 기념 앨범 〈당신, 아프지마〉가 발매되었다. 영원한 우리들의 스승이시고 어른이신 선생님의 영전에 바친다.

5-5

나의 주소

은하시 태양구 지구동 1번지
근데, 곧 이사 갑니다.

〈Ego、Blue〉, 2025. Acrylic on Linen、25.8×16cm

5-6

나 홀로 눈감는 건 두렵지 않아

나 홀로 눈감는 건 두렵지 않다.

다만 헤어짐이 서러울 뿐.

죽음에 대한 생각이 나를 찾아올 때

내가 나를 달래며 할 수 있는 말, 죽음은 잠과 같은 거.

그냥 잠과 같이 현실과 떨어져 무의식의 세계로 들어서는 것. 죽음은 오히려 안식처이며 피난처일 수도 있겠다. 다만 내가 아는 사람과 나를 알던 사람과 더 이상 만날 수 없다는 이별, 그 이상 무엇이겠는가?

그래도 그 서러움이 결코 작지는 않아서 비가 내린다면 울어버릴지도 모를 일이다.

5-7

그림과 삶

캔버스를 바라보며 무얼 그릴까 생각한다.

딱히 떠오르지 않아 스케치북을 집어 든다.

이것저것 연필로 끄적거려 보지만 잡히지 않는다.

풍경이라는 주제로 그리고 싶어 바다도 그려본다. 나의 내면에 어딘가로 떠나고 싶은 갈망이 있나 보다. 아니면 가장 행복했던 어떤 시절로 돌아가고 싶어 추억을 소환하는 것인지도 모를 일이다. 그림을 그리며 목표한 대로 되거나 계획대로 된 그림은 하나도 없는 듯하다.

무수한 반복과 덧칠을 거듭한 후에야 비로소 한 점의 그림이 완성되듯, 우리의 삶도 무수한 시행착오와 실수와 좌절 속에 숙성된다. 그렇게 그림이 완성되듯 죽음을 맞이하겠지.

죽음은 삶의 완성이다.

근조 행렬

근조 행렬을 바라보다 생각한다.

근조의 주인공도 언젠가,

근조의 행렬을 보았을 것이다.

Memento mori

〈Harmony, Blue, Green & Yellow〉, 2025. Acrylic on Linen 34.8×24.2cm

5-9 죽음의 모순

나는 내가 죽으면 연기처럼 사라지는 거라 생각하는데, 우리는 왜 망자가 어딘가에서 우리와 함께 있을 것으로 생각하는 걸까?

5-10 호접지몽

그림은 그려 뭐 하랴.
음악은 만들면 뭐 하랴.
목표를 이루면 또 뭐 하랴.
강을 바라보다가 물속에 빠지는 상상을 하고,
높은 건물을 바라보다가 추락하는 상상도 해보고,
나를 협박하고 나를 포기하다가
나를 달래보고 나를 다독이는 일.
그러다가 비틀거리며 날아가는 나비와 마주친다.
언제 어디서 태어나서 어디로 무엇을 위해 날아가는가?
내가 나비인 듯 나비가 나인 듯.

〈Who am I, Blue & Green〉, 2025. Acrylic on Linen, 34.8×24.2cm 2025

새의 흔적

아침마다 새들은 이 나무 저 나무 옮겨 다니며 산책을 한다.

흔들리는 가지에서 그네를 타기도 하고 호로록 이 가지 저 가지 멀리뛰기도 하며 뽀로롱 저 멀리 높이 뛰기도 한다.

애인과 만나 볼 비비며 입맞춤하고 어디론가 소풍 가는 듯싶기도 하다.

어느 순간 새들이 흔적 없이 사라진다.

방금 나는 꿈을 꾼 것인가?

우리네 인생도 그러하리라.

이번 생은 망했다

이용한 시인의 「묘생 2」에 나오는 시구다.

그렇다! 나의 이번 생은 망했다. 뭐 하나 제대로 한 게 없다. 직장 생활 30년 중간에 사업하다 말아먹고, 앨범 낸다고 모아둔 돈 다 쏟아붓고, 자리 관리도 제대로 못 해 온갖 후유증으로 고생을 사서 하고, 작곡한답시고, 그림 그려보겠다고, 뭐? 글을 쓴다고? 좌충우돌 몸부림이다. 남은 시간은 그리 많지 않은 듯한데 몸과 마음은 상처투성이다.

그림은 어떠한가? 보기 좋은 그림 하나 완성하기까지 얼마나 많은 과정을 거쳐야 하는가? 그림 속에는 감추고 싶은 부분, 고치거나 숨기고 싶은 곳이 도처에 배어 있을 것이다.

그런 시행착오 과정이 그림의 깊이를 깊게 만드는 만큼, 엉망진창인 지금의 나의 모습을 인정하는 것부터 배워야 할 것이다.

나를 사랑하지 못하면서 어찌 남을 사랑할 수 있을 것인가? 나의 그림을 사랑하듯 나를 사랑하자.

일생을 3분 쇼츠에 담는다면

태어나고 자라고

공부하고 시험 보고 입시 준비하고

어른 돼서 자격증 따고 직장 다니고

일하고 결혼하고 자식 낳고

출장과 여행으로 여기저기 다니고

사랑 걱정, 돈 걱정, 자식 걱정, 걱정 속에 살다가

결혼식장 다니고 장례식장 다니다가

은퇴하고 어영부영 노인 되고

몸과 마음이 쇠약해지고 지팡이 의지하다가

넘어지고 쓰러져 실버카트와 휠체어 신세 지다가

병들고 병이 깊어져 숨 가빠 쉬다가 멈추면

흰 천으로 얼굴이 덮인 채 냉동실에 있다가

누군가의 염의 수고를 빌려 관에 들어가고

이후 연기처럼 사라진다.

그나마 매우 행복하고 다행스런 쇼츠다.

언젠가 누군가 이런 쇼츠를 유튜브에 올릴지도 모르겠다.

실제 약 100살(52,560,000분)의 인생을 3분 길이의 쇼츠로.

〈Life Maze, Red〉, 2025. Acrylic on Linen, 34.8×24.2cm

5-14
나이듦

중년으로 보이는 사람이 어려 보이고,
제복 입은 군인과 장교와 심지어 장군까지도 어려 보이고, 대학생들이 초등생처럼 보이고
보이는 모든 것들이 푸릇푸릇하게 느껴질 때,
비로소 나의 나이 듦이 피부에 와 닿는다.
하지만 더 늙어 보아라. 지금 또한 어린 것이니.
주검마저도 어려 보일 때가 있으려니.

5-15
낡은 나무배 하나

최재경 시인 「낡은 나무배 하나」라는 시에 '비단잉어 같은 꿈만 꾸다가'라는 시구가 있다. 딱 그대로 나야말로 그런 꿈만 꾸다가 낡은 인생이 되어 석양으로 저물어 가고 있다.
언제 내 나이 70이 되었는지? 꿈인지 현실인지 모르겠다. 그래서 장자는 인생 일장춘몽이라 하였던가.

5-16

나이 70이란

70은 저녁 7시.

하루의 마지막 식사를 마친 직후의 시간이리라.

이제부터 속을 비워야 하리.

오늘 해가 저렇게 저물어가니

오전의 일이나 오후의 일들이 스쳐 지나간다.

5-17

나의 순서

앞줄이 꽤나 길어 보이길래

입구조차 보이지 않길래

내 순서는 한참 멀었다 생각했었지

먼 산을 바라보다

쓸데없는 궁리만 하다

이리저리 마음만 분주하다 보니

어느새 저만치 입구가 보이네

애써 달려갈 일은 아니지만
회피할 수도 없는 일
그렇게 나의 순서는 내 앞에 가까이 다가온다

5-18

마치 2027년까지만 살 것처럼

하루아침에 되는 일이 없다 하여
1년을, 3년을, 그리고 5년을 쌓아 올리다 보니
이제 10년을 채울 기세다.
2027년까지 향해 나가다 보면 뭔 일이 생길 듯하다.
그런 꿈 하나 부여잡고 오늘을 산다. 헛되고 헛된 일이라도 그것이 오늘을 살게 한다.

평범한 노화의 과정

뭐 별거 아니다.

어느 날 무릎이 삐걱하거나 감기에 걸리거나 해서 규칙적으로 운동을 못하거나 거르게 되고

그 결과 근력이 떨어지고 근육이 부실해지고

그러다가 시간이 흘러 점점 쇠약해져 어느 날 갑작스레 넘어지고 뼈가 부러지고

수술하고 재활하고 회복해서 지팡이 짚고 얼마 동안 잘 지내다가, 어느 순간 부주의와 방심으로 또다시 넘어지고 쓰러지고 마침내 제 한 몸조차 스스로 돌보지 못하는 처지에 이르게 되는 것이다.

그러다 몸져눕게 되면 어쩔 수 없이 요양원에 입교하게 되는 것이다.

⟨Carpe Diem⟩, 2025. Acrylic & Gouache on Linen, 53×40.9cm

5-20

인생은 짧고 예술은 길다

지긋한 나이, 부고란에 이름이 올려져도 어색하지 않을 나이, 예술의 생명력을 생각한다.

"인생은 짧고 예술은 길다", 만고의 진리이다. 사라진 인물들이 남긴 예술은 현재와 미래에 그대로 이어질 것이기 때문이다.

영원을 꿈꾸는 욕망이 예술을 빚는 것인지도 모른다. 문학이 그렇고, 음악이 그렇고, 회화가 그러하다.

5-21

왜 예술을 하나

살았던 흔적 남기기
다녀간 자취 남기기
추억을 새겨 보려는 몸부림

내 그림의 주인은 누구일까?

내 인생의 주인은 누구인가? 나인가? 부모인가? 나의 가족인가? 주변인가?

이 그림의 주인은 누구일까 생각해 본다.

반 고흐와 클림트와 마티스와 피카소와 잭슨 폴락의 그림은 이제 누구의 것도 아니다. 작가의 것도 가족의 것도 미술관이나 박물관의 것도 아닌 만인의 것이다.

그런 수준의 그림은 생명을 얻어 유한한 인간의 한계를 뛰어넘어 인류의 존재와 함께 지속된다. 그것이 예술과 문화의 생명력 아닐까? 인생은 짧고 예술은 길다.

〈Lily in Blue〉, 2025. Acrylic & Gouache on Linen, 90.9×65cm

6장

오늘밤

나 오늘 오늘밤은 어둠이 무서워요
무심한 밤새소리 구슬피 들려
저 하늘 둥근달이 외로워 보여요
작은별 속삭임도 부질 없어요
정다웠던 옛날이 어둠속에 묻히고
이제 우리 서로가 남남인가
꿈만같던 옛날이 안개속에 사라저
이제 나 홀로 되어 남아있네
나 오늘 오늘밤은 어둠이 무서워요
무심한 밤새소리 구슬피 들려

정다웠던 옛날이 어둠속에 묻히고
이제 우리 서로가 남남인가
꿈만같던 옛날이 안개속에 사라저
이제 나 홀로 되어 남아있네
저하늘 둥근달이 외로워 보여요
작은별 속삭임도 부질 없어요

나 오늘 오늘밤은 어둠이 무서워요
무심한 밤새소리 구슬피 들려
저하늘 둥근달이 외로워 보여요
작은별 속삭임도 부질 없어요
정다웠던 옛날이 어둠속에 묻히고
이제 우리 서로가 남남인가
꿈만같던 옛날이 안개속에 사라저
이제 나 홀로 되어 남아있네
정다웠던 옛날이 어둠속에 묻히고
이제 우리 서로가 남남인가
꿈만같던 옛날이 안개속에 사라저
이제 나 홀로 되어 남아있네

6-1

산울림 50주년

언제 데뷔했더라? 맞아! 2027년이면 50년이 되지. 긴 세월 같아도 눈 깜빡할 사이지.

장자의 호접지몽에서 짧은 일생의 나비처럼 덧없는 인생임을 이쯤 되면 알게 되는 거지.

훌륭하고 대단한 친구들이 정말 많아! 50주년을 기념하기 위해 여러 아티스트들과 50개의 싱글 앨범을 제작하는 프로젝트를 가동하고 있다. 2023년부터 협업해 오는 과정에서 젊은 아티스트들의 재능을 새삼 깨닫는다.

참 훌륭하다. 한편으로는 고달플 수 있을 텐데도 그늘이 없더라. 모두 당당하고 늠름해서 나까지 어깨가 펴지더라. 한 팀 한 팀 응원한다. 음악 세계를 마음껏 펼쳐 나가는 행복한 여정이 되길.

지금까지 발매된 음원이 궁금하면 멜론 뮤직이나 지니 뮤직에 〈산울림 50주년〉 검색해 보렴. 쫙~ 나와 있으니. 함께한 아티스트들을 응원해줘!

⟨Sanullim, K-Rock 3-1⟩, 2025. Gouache on Linen, 34.8×24.2cm

6-2
문화 선진국

알고리즘의 안내에 따라 접하게 되는 여러 작가들의 그림, 특히 조셉초이, 하지훈, 최하나 등 젊은 작가들의 그림들과 조우하게 되거나,

산울림 50주년 프로젝트에 참여하는 여러 MZ세대 젊은 아티스트들의 재능과

세계적으로 활약하는 K-pop 아티스트들 소식을 접하거나,

〈기생충〉과 〈오징어 게임〉, 한강 작가의 노벨상 수상 등을 되새겨볼 때

이제 대한민국이 어엿한 문화 선진국이구나 하는 자긍심이 든다.

MZ세대와 그 이후의 젊은이들이여, 여러분들을 응원합니다!

6-3 음악과 미술을 생각하며

미술이 음악에게 묻는다.
지금 무얼 보고 있니?
음악이 대답한다. 난 볼 수가 없어.

그러자 음악이 미술에게 묻는다.
지금 뭘 듣고 있니?
미술이 대답한다. 난 들을 수 없어.

음악과 미술이, 미술과 음악이 어울리는 세상.
함께 듣고 볼 수 있는 우리 모두가 꿈꾸는 세상.

그래서 칸딘스키 같은 화가는 음악을 그리고, 카를 필립 에마누엘 바흐 같은 음악가는 그림을 노래하는지도 모른다.

6-4

Dear Wansun,

대중들은 김완선을 댄싱 퀸, 또는 한국의 마돈나로 부른다.

나는 K-pop 아이돌의 효시라고 생각한다.

40년 전인 1985년, 김완선 데뷔 앨범으로 맺어진 인연이 40년 후 그림 전시회로 이어진다.

이런 드라마를 누가 기획했을까? 인생, 참 오묘하다!

6-5

색상의 속도

색상에는 속도가 있다.

노랑은 아다지오 정도의 속도,

파랑과 초록은 안단테 정도의 속도,

빨강과 보라는 알레그로의 느낌이 든다.

검정은 라르고,

흰색은 조커와 같이 색상 속도의 완급을 조절해준다.

⟨Korean Dancer⟩, 2025. Acrylic & Gouache on Linen, 53×40.9cm

⟨미인⟩ 같은 그림

신중현 선생님의 ⟨미인⟩ 같은 그림을 그리고 싶다.

한 번 보고 두 번 보고 자꾸만 보고 싶네
그 누구나 한 번 보면 자꾸만 보고 싶네
그 누구의 그림인가 자꾸만 보고 싶네

자꾸만 보고 싶은 그런 그림을 그리고 싶다.
정말 그럴 수 있다면 참 좋겠다.

⟨The Kiss II⟩, 2025. Acrylic on Linen, 53×40.9cm

6-7
인디 밴드와 무명작가

처지가 비슷한 듯하다. 인디 밴드와 무명작가.

우선, 인디 밴드는 악기를 사거나 구해야 하고, 밴드가 함께 합주할 연습실이 필요하고, 공연을 해야 홍보가 되니 공연장도 빌려야 하고, 앨범을 내야 명함을 내밀 수 있으니 스튜디오 녹음도 해야 하고, 재킷 디자인 등등 지속적으로 돈이 들어간다.

무명작가도 인디밴드 못지않다. 다만 혼자 감당해야 하는 점에서 더 외롭고 험난한 예술일 것 같다. 캔버스, 물감, 붓 등 그림 재료비도 만만치 않게 들고, 그림 그릴 공간과 그림 보관할 장소 등 작업실이 필요하다. 인디 밴드가 공연하듯, 전시회도 해야 하고, 포트폴리오도 준비하고 업데이트해야 하고, 인디 밴드의 고단함에 절대 덜하지 않다.

근데, 왜들 마다하지 않고 하는가?
한마디로 말하자면 "그래도 좋아서."

6-8
악플 예찬

1) 악플은 정성을 다한다.
2) 악플은 신분을 감춘다.
3) 악플은 감정을 드러낸다.
4) 악플은 후회하지 않는다.
5) 악플은 삭제되지 않는다.
6) 악플은 위축되지 않는다.
7) 악플은 세상을 이롭게 한다.
8) 악플은 영원히 존재한다.
9) 악플 세상 만만세!

6-9
시와 음악과 그림

시에 노래를 붙이는 작업을 할 때는 온통 시 생각을 하게 되고 자연스레 시집을 구하게 된다.

책을 출판한다는 계획으로 글쓰기를 습관화하다 보니 작은 변화가 감지된다. 이런저런 글감에 대한 생각을 자주 하게 되고, 뒤를 돌아보거나 앞을 바라보는 습관이 빈번해진다.

더불어 그림을 시작하고 전시회 일정까지 확정되다 보니, 이제는 그림 그리는 일과 그림 재료를 구하는 일이 일상이 되었다.

이 모든 것들이 우연과 필연의 과정을 거친다. 계획이라는 필연의 끈을 잡으니, 우연의 끈이 따라온다. 씨실과 날실이 옷감을 지어내듯 모든 일상과 인생이 우연과 필연의 겹침과 쌓임 아닐까 생각해 본다.

〈Winter on White〉, 2025. Acrylic & Gouache on Linen, 53×40.9cm

6-10

시가 그림을 그리다

가령 김기림 시인의 「바다와 나비」라든지, 장옥관 시인의 「나비키스」라든지, 시노래 작업을 통해 만났던 1,000편의 시가 나의 그림에 알게 모르게 영향을 끼치는 걸 느낀다.

시가 주는 어휘의 절묘한 배합과 시의 구성에 완벽을 추구하는 시인의 마음이 투영돼 그림으로 발현되는 게 아닐까? 시노래를 부르며 문득 시와 그림을 연결 짓게 된다.

6-11

그림도 시처럼 음악처럼

시인이 시구를 떠올리며 시상을 다듬듯,
작곡가가 악상을 떠올리며 악보를 그려가듯,
화가는 물감과 붓으로 캔버스를 채워 나간다.

기타

오래도록 간직해 온 나만의 비밀

지금 이 순간 너에게 말해 줄게

마음 열고 귀 기울이면

나지막이 들려오는 노래

예쁜 꽃이 피어나는 소리

숲속의 새들이 지저귀는 소리

나뭇잎 바람에 흔들리는 소리

누군가 밤새 뒤척이는 소리

밤하늘 별들이 속삭이는 소리

강물이 달빛에 너울대는 소리

풀숲에 바람이 스쳐 가는 소리

어느 여인의 흐느끼는 소리

6-13

분홍강

왠지 캔버스에 분홍 물감을 그렸다. 그리다 보니 이하석 시인의 「분홍강」이 생각이 난다.

분홍강이 그려질지 분홍산이 그려질지, 분홍 얼굴이 그려질지, 어떤 모습이 그려질지, 영감이 떠오르는 대로 따라가 보련다.

6-14

내 그림에 드리운 빈집과 빈 길

기형도 시인의 시 「빈집」이나 권지숙 시인의 시 「빈 길」과 같이 '상실'과 '허무', '고독'에 대한 시들이 많다. 시노래 작업을 통하여 만난 시와 시인들이 내 그림에 무의식적으로 영감을 주는 듯 유사한 주제의 여러 시가 스쳐 지나간다. 내 그림들 속에 시의 향취가 배어 있길 기대해 본다.

⟨Memento Mori II⟩, 2025, Acrylic & Gouache on Linen, 53×40.9cm

6-15

화풍 찾아 삼천리

삼천리 방방곡곡을 유람하며 그림을 그렸다던 장승업이나, 유배지에서 글을 쓰고 그림을 그렸던 추사 김정희와 다산 정약용이나, 똑같은 풍경과 사물을 자기만의 방식으로 표현하는 고유의 세계를 구축하기까지 수많은 시행착오와 좌절과 훈련이 있었을 것이다. 특히 흑의 먹과 백의 종이로 구성되는 수묵화의 경우 화가들의 고뇌가 어떠했을까 생각해 본다.

고작 반년의 화업으로 뭘 알겠냐마는, 나름 나만의 화풍이 형성되는 과정을 겪으며 감히 동병상련을 느껴 보는 것이다.

6-16

그림 그리다 지칠 때 어떡해

우선 붓을 놓는다.
밖으로 나간다.

걷는다. 멀리멀리 걸어간다.

새로운 아이디어나 다시 그리고 싶을 때까지 기다린다. 글도 쓰고 드로잉도 한다. 하지만 그리려는 욕망이 다시 용솟음치기 전까지 차분히 기다려볼지어다.

음악과 작곡도 마찬가지다. 머리를 비우고 마음을 비우고 완전히 덜어내야 한다. 빈 그릇처럼.

6-17

그림의 주제와 슬럼프

키스 시리즈에서 풍경 시리즈, 그걸 마치고 나니 진이 빠진 듯하다. 며칠째 맴돌기만 하는 주제, 음악을 그림으로 표현해 보자. 이 시리즈를 시작하리라. 주제를 결정하고 나니 슬럼프에서 빠져나오는 듯하다. 돌이켜보니 주제의 고갈로 슬럼프 같은 좌절을 느꼈나 보다.

어쩌면 음악 시리즈가 슬럼프 극복의 전환점, 터닝 포인트가 될 수도 있겠다. 완성된 그림들의 환영이 눈앞에 펼쳐진다. 아~ 이거였구나!

6-18

슬럼프

슬럼프는 정신과 마음의 문제인가? 체력과 육신의 문제인가? 둘 다인가? 그림을 그리고 싶은 마음은 있지만 몸과 마음이 무겁다. 그림은 가장 순수하고 순결한 마음 상태, 정화된 정신으로 캔버스와 교감할 때 비로소 시작되나 보다. 최상의 컨디션이 아닌 상황이 되니, 새삼 그림에 빠져 무아지경에 몰입할 수 있다는 것이 얼마나 감사하고 경이로운 현상인지 깨우치게 된다.

한국 추상화의 아버지 격인 김환기 화가께서 평생 2만 점 넘는 작품을 남기셨다 하는데, 그분은 어떻게 그런 경지에 오르시게 된 걸까?

우연히 조셉초이, 하지훈 작가의 작품을 보았다. 대구 윤선갤러리, 인천 율갤러리, 성수동 아트프로젝트씨오 등의 갤러리 소속 아티스트 작품을 살펴보면 '아직 젊지만 대단한 작가들이 참으로 많구나!' 하는 생각이 든다.

6-19

슬럼프 극복 과정

그리고 싶은 게 없다. 막상 주제도 없고, 스케치를 이것저것 해보고, 이런저런 아이디어를 긁적거려 보지만 며칠째 제자리를 맴돈다. 마음의 근저에 이런 질문이 있다. 그림은 그려서 무엇하나? 멋진 그림이 넘치고 넘치는 세상에, 이미 아름다운 예술이 차고 넘치는 이 세상에 바닷가 백사장 모래알 하나도 못 되는 그런 하찮은 존재감에 한 발짝도 걸음을 옮길 수가 없다. 이런 좌절이 언제까지 지속될지 알 수 없으나, 날씨처럼 변덕스러운 게 마음이니 그냥 내버려두면 맑은 날이 다시 오겠지. 여기까지 적어 둔다.

몇 시간 뒤, 아~ 알았다. 그림도 작곡처럼 충분한 에너지가 필요한 모양이다. 가만히 생각해 보니 너무 기력이 없구나. 우선 잘 먹고 몸이 노곤할수록 운동으로 풀고, 일단 나가자! 산책하러 밖으로 나가자. 햇빛도 쐴 겸. 몇 시간 후의 결론, 그냥 쉬어~

자판기

어서 날 뽑아 줘
오랫동안 기다렸어
날 좀 여기에서 꺼내 줘

하루라도 바깥세상에서
숨 쉬고 싶어
오늘도 어제처럼 갇힌 신세

스치듯 짧은 시선
잠시 마음 설레다
서둘러 돌아서는 야속한 그대여

6-21

나의 그림

무엇을 그리겠다고 마음먹은 순간,
그림은 나에게 아무런 답을 하지 않는다.
내가 아무것도 아닌 걸 그리려고 마음 비울 때
그제서야 그림은 내게 응답한다.
아주 아주 나중에, 아주 맨 마지막에.

6-22

그림도 작곡처럼

'물 들어올 때 노를 저어라.' 라는 말과 같이
열정과 창의가 물밀듯 솟아날 땐 즉시 붓을 들어라. 마치 작곡하기 전에 기타를 집어들 듯.
순간을 놓치면 아무것도 이루지 못하고 헛되이 지나간다. 이런 뼈저리게 아픈 경험을 해 봐야 비로소 깨닫는다.

〈Harmony, Red, Pink & Orange〉, 2025. Acrylic on Linen, 34.8×24.2cm

6-23

여행과 그림

떠나라. 어딘가에 도착해 있을 것이다.
그려라. 어느 순간 완성돼 있을 것이다.

6-24

그림도 배낭여행처럼

목적과 일정을 분명히 하고 떠나는 여행도 있겠으나, 때로는 무작정 정처 없이 떠나는 배낭여행이 있듯이 나의 그림 또한 그러하다.

따라서 그림은 건축물과 달리 설계도 없이, 계획 없이도 시작할 수 있는 것이다. 작곡할 때 무작정 기타부터 잡는 것과 같은 이치이다.

6-25

갇힌 그림

　새가 알을 깨고 나와야 새 세상을 만나듯이, 그림도 자기의 고정관념과 틀을 깨고 나와야 새로운 그림을 그릴 수 있을 것이다. 모든 세상의 이치대로 노력과 운이 따라야 한다. 그림도 끊임없이 자기 성찰과 반성을 하면서, 관람자와 수집가의 입장에서 역지사지하는 자세가 필요하리라. 과거의 그림(경험) 없이 현재의 그림(모습)이 태어날 수 없는 것이지만, 과거에 안주하거나 매몰될 때 새로운 세상은 열리지 않으므로 새가 알을 깨는 치열한 노력과 분발이 필요한 것이다.

　"새는 알에서 나오려고 싸운다. 알은 곧 세계이다. 태어나려고 하는 자는 하나의 세계를 파괴하지 않으면 안 된다."(헤르만 헤세)

⟨Memento Mori I⟩, 2025. Acrylic & Gouache on Linen, 53×40.9cm

⟨Woman in Blue⟩, 2025. Acrylic on Linen, 90.9×65cm

그림에 무엇을 담을까?

그림에 인생을 담을 수 없을까?

희로애락을 담을 수 없을까?

인간의 존재를 담을 수 없을까?

그렇다! 만남을 그려보자.

사랑을 그려보자. 이별을 그려보자.

그리움을 그려보자. 후회와 반성을 그려보자.

좌절 속의 희망도 그려보자.

시간과 찰나를 그려보자.

결국 나를 그리고 가족을 그리고

나의 친구와 이웃을 그려보자.

결국 사람과 삶을 그려보자.

그러면서 편안한 그림, 의미가 담겨 있으면서 아름답고 편안한 그림.

그런데 어떻게?

7장

나홀로 뜰 앞에서

그리우면 나홀로 뜰앞에 나와 거닐었었네
아름답게 피어난 꽃을 바라보며 옛일을 생각하네
보고프면 나홀로 까만 밤하늘 쳐다보았네
둥글게 떠오른 하얀 달을 보며 그대를 그려보네
흰눈이 펑펑 내리던 날 말없이
슬픈 발자국 남기고 떠나갔네
생각나면 나홀로 찻집에 나와 차를 마셨네
쓸쓸하게 풍기는 향기 맡으며 지난일 생각하네

그대 다시올 수 없나 보고파 불러보네

그대 돌아올 수 없나 뜰 앞을 서성이네

흰눈이 펑펑 내리던 날 말없이

슬픈 발자국 남기고 떠나갔네

생각나면 나홀로 찻집에 나와 차를 마셨네

쓸쓸하게 풍기는 향기 맡으며 지난일 생각하네

그대 다시올 수 없나 보고파 불러보네

그대 돌아올 수 없나 뜰앞을 서성이네

그대 다시올 수 없나 보고파 불러보네

그대 돌아올 수 없나 뜰 앞을 서성이네

(7-1)
가장 하고 싶은 일

    내일 아침 가장 하고 싶은 일이 무엇인가? 그림을 그리는 일이다.

    어제 멈추었던 그림과 오늘 새로 시작할 그림을 상상하다가 스르르 잠이 들다 보면 어느새 아침이 선물같이 내게 다가온다. 커피를 내리고 장갑을 끼고 그림을 바라보고 물감과 나이프를 손에 쥐는 순간, 캔버스의 행복이 나에게 전해진다.

    그림에 빠지면 나는 없고 거기엔 낯선 작가가 서 있을 뿐이다.

⟨Tulip in Purple⟩, 2025. Acrylic & Gouache on Linen, 53×40.9cm

〈Love in Yellow〉, 2025. Acrylic & Gouache on Linen, 90.9×65cm

7-2

왜 10호 소품인가?

나는 우선 10호 사이즈 소품에 집중하고 있다.

아직은 큰 사이즈의 캔버스에 익숙지 못하다. 물론 10호 자체로는 작은 크기일 수 있지만, 함께 모이면 20호, 40호가 될 수 있지 않을까? 캔버스 한 개가 하나의 인격이지만 여러 개가 모이면 오손도손 사이좋게 어울리는 그림이 될 수도 있을 것이다. 따로, 또 같이.

변명일까? 전시회를 하려면 30호, 50호의 그림이 필요하단다. 어쩌지?

7-3

30호 캔버스 주문

30호 캔버스를 6개 주문했다. 생각해 보면 엄청난 진보를 이룬 셈이다. 캔버스 크기에 대한 염려와 두려움이 사라졌다는 신호 아닐까?

2025년 3월 10은 그렇게 기억될 것이다.

새가 알을 깨고 세상에 나온 날.

7-4

큰 사이즈 그림을 어떻게 그리나?

10호 사이즈 그림도 채우기 쉽지 않은데 그보다 훨씬 큰 30호, 50호, 100호 사이즈의 그림을 어떻게 그리나? 10호 사이즈의 그림을 크게 키워서 그리면 되지 않을까?

금방 안이하고 무책임하다는 생각이 들며 고민에 빠졌다. 산책을 하며 이런저런 구상을 하던 차, 그렇다! 아이디어를 확장하고 혼합을 해야 하겠다. 주제를 넓히고, 주인공을 늘리고, 사물을 불러 모아야겠다.

이런 변화와 해결책은 교육과 학습 또는 훈련이나 일상의 삶에도 적용될 수 있을지 모르겠다. 무엇인가 딜레마에 빠질 때, 먼저 산책을 하자. 그리고 문제와 마주하며 생각에 몰두하다 보면 무언가 좀 더 나은 방법이나 해결책이 나오기 마련이다. 내 경험상 그렇다.

〈Sunset in Yellow〉, 2025. Acrylic & Gouache on Linen, 53×40.9cm

Song of freedom

Song of freedom!

처음 도전하는 중형 사이즈 30호 그림은 자유롭게 그리고 싶다.

그려야 한다는 강박감과 마음의 속박을 벗어던지고 캔버스에 자유의 바람을 불어넣고 싶다. 숨 쉬는 자유, 날아가는 자유, 쉴 수 있는 여백의 자유, 안 그리는 자유, 멈추는 자유, 다시 그리는 자유, 엎어버리는 자유, 다시 세우는 자유.

내 마음과 생각이 가는 대로 그러다 멈추는 곳에서 그림은 자연스럽고 자유롭게 완성될 것이다.

7-6

30호 캔버스 언박싱

30호 캔버스의 첫 느낌은 묵직하다는 것이었다. 10호의 세 배 정도 크기라는 머릿속 생각과는 차이가 있었다.

왜 그런가 보았더니, 나무 테두리의 두께가 달랐다. 거기에 양팔로 들었을 때 벌려야 하는 팔의 폭이 넓어지면서 무게감이 더해진 것이었다.

그래도 두려움보다는 기대감이 컸다. 개봉 전부터 첫 물감은 노랑으로 왼쪽 상단에 그려 넣고 그 오른쪽 옆에 짙은 파랑을, 그리고 그 아래에는 초록으로 정해 두었다.

며칠 뒤 30호 캔버스에 그림을 얹기 시작했다.

물감 뚜껑을 열고 물감을 짠 뒤 붓을 들어 휙휙 그려 댔다. 초벌을 멈추고 쉬면서 바라본다. 그런 과정을 계속 반복하다 무언가 막히고 풀리지 않을 때에는 캔버스에 노래를 몇 곡 불러 드렸다. 그랬더니 내게 아이디어를 답례로 보내 주었다. 그런 과정을 거쳐서 첫 30호 그림이 완성되었다.

하지만 완성을 장담하지는 못한다. 며칠 뒤 지금은 보이지 않는 허점이나 아쉬운 부분이 나타날지 모르니.

7-7
30호에서 다시 10호

10호가 이렇게 작은 그림인 줄 미처 몰랐다.
30호 그림을 그리기 전까지.
10호 그림이 얼마나 작은지 이제야 알겠다.
30호 그림을 그리고 보니.
30호 그림이 턱없이 큰 것만이 아니었다.
막상 부딪혀 보니 할 만한 것이었다.

그림 사이즈에 대한 생각이 바뀌듯 우리의 삶은 생각의 기준을 어디에 두느냐, 어떤 경험을 하느냐에 따라 달라질 수 있다는 것을 새삼 깨닫는다.
큰물에서 놀아본 사람들은 그 생각의 크기와 깊이가 다르지 않겠는가?

〈Harmony, Red, Green & Blue〉, 2025. Acrylic on Linen 34.8×24.2cm

7-8

붓을 사러 화방을 가다

30호 사이즈 같이 큰 그림을 그리다 보니, 좀 더 큰 붓이 필요함을 느꼈다. 그리고 어떤 붓이 필요한지 경험으로 알게 되었다. 줄곧 써오던 붓도 좀 낡았다고는 하지만 옛 붓을 버리려는 건 아니다.

옛 붓은 옛 붓대로 쓸모가 있다고 들었다. 아마 사람도 그러하리라.

7-9

화방

어린아이가 문구점이나 장난감 가게에 들르면 눈이 휘둥그레지며 시간 가는 줄 모르고 이것저것 물건을 집어들 듯, 화방에 가면 왜 그리 주체 못 할 욕망에 사로잡히는가? 계획보다 항상 지출이 커지는 걸 매번 경험한다.

큰 그림에 필요한 큰 붓과 새롭게 시도하고픈 색상의 물감들, 그리고 그림을 그리다 아쉽게 느껴졌던 결핍을 메워 보려는 순수의 마음이다. 구상했던 그림을 현실로 구현해 내기 위한 필수품들이다. 그럼에도 과소비하는 게 아닌가 하는 부담을 느끼는 것은 어쩔 수 없다.

미술을 전공하는 학생들이나 전업 작가들은 그 부담이 훨씬 더할 텐데, 잠시 동병상련에 빠져 본다.

7-10
건축과 그림과 인생

설계가 끝난 후 건물을 한 층 한 층 쌓아 올리듯, 그림 또한 구상이 끝나면 한 겹 한 겹 쌓아 올린다. 그걸 레이어(Layer)나 히스토리(History)라고 부르기도 하는데, 어떤 레이어의 경우 칠하기 전후가 그다지 맘에 들지 않을 때가 있다.

그때 숨 고르기를 하고 시간 여유를 가진 후에 다시 레이어를 쌓아가다 보면, 마음에 들지 않았던 그 레이어로 인하여 더 좋은 결과가 나올 때가 있다.

물론 다 그런 건 아니다. 지우고 싶은 허물과 과오, 그리고 되돌리고 싶은 추억의 순간과 시절이 있듯이.

〈Rainbow Flower in Yellow〉, 2025.
Acrylic & Gouache on Linen, 53×40.9cm

7-11

물감 고르기

물감 고르기는 최종 목적지에 도달하기까지 끊임없이 이어지는 선택과 결정의 과정이다. 통 안에 갇혀 있던 물감이 캔버스로 옮겨지는 순간, 물감에도 캔버스에도 이전과는 본질적으로 다른 새로운 세계가 펼쳐진다.

그렇기에 캔버스에 묻힐 물감을 고르는 작업은 희열과 기대에 빠지게 하고 마치 첫사랑의 데이트처럼 설레게 한다.

7-12

100호의 위엄

10호에서 시작된 그림이 30호와 50호의 중간 산맥을 지나 100호의 험준한 산맥에 도달할 즈음이었다. 초보 작가가 큰 그림을 도전하는 일은 어린이가 성인 구장에서 축구나 농구를 하는 것과 비유할 수 있지 않을까 싶었다.

처음엔 어른 옷을 입은 듯 버겁지만, 오히려 넉넉함을 좋아하게 될지도 모를 일이다. 여튼 가보자!

(7-13)
그림이 요리 같네

이젤을 쓰지 않고 테이블 위에 캔버스를 올려놓고 작업을 한다. 요리를 하려면 도마가 필요한데 도마를 꺼내 부엌 주방에 올려놓는 것처럼, 오늘도 캔버스를 테이블 위에 올려놓는다.

어떤 요리를 만들어볼까? 빨강 계열의 물감을 골라 놓았다. 가장 큰 붓을 잡았다. 칼을 잡고 채소를 썰고 고기를 다듬듯 붓을 잡고 그리기 시작한다. 오늘의 요리는 어떤 모습과 맛을 보여줄까?

(7-14)
비움과 채움의 경계선

그림의 빈 공간인 여백을 완성의 한 부분이라 할 것인가, 미완성이나 결함이라 할 것인가?

비움과 채움의 경계선이 어디일까?

그림이 완성되어 가는 과정에 끊임없이 던지는 질문이며

내적 갈등이다. 그 균형을 찾는 일이 그림의 알파요 오메가인 듯하다.

7-15
빈틈없이 비우는 그림

그림은 색상과 형태로 캔버스를 채우는 일이다.

하지만 나는 색상과 형태로 캔버스를 비우고 싶다.

비우는 그림을 그리고 싶다. 있으나 없는 그런 그림. 굳이 장르와 사조를 따지자면 미니멀리즘에 가까운지 모르겠다. 처음 그림을 시작할 때는 무얼 그릴지, 또는 어떤 주제로 그릴지에 몰두했다. 풍경이나 인물과 정물과 같은 주제.

한동안 미술 행위의 자유함에 취해 내 멋대로 캔버스를 채워 보았다. 하지만 어느 순간 이런 행위와 목적이 나를 억압하고 오히려 자유함을 빼앗는다고 느꼈다. 캔버스의 자유, 결국 자유를 빙자한 방임을 보여줄 뿐이었다.

진정한 자유, 관람자들이 자유롭게 해석하고 감상할 수 있는 비움의 그림, 그런 그림을 그리고 싶다.

빈틈없는 비워진 그림!

7-16

한 마리 나비가 태어나기까지

알에서 애벌레, 고치를 거쳐 한 마리 나비가 되듯 내 그림도 그런 과정을 거쳐야 하리.

한 송이 국화와 한 마리 나비처럼 무수한 과정을 거쳐 태어났다 또한 사라지리.

7-17

기다림

그림을 말리는 시간은 기다림이다. 무념무상의 기다림이다. 그림은 그사이 익어가고, 그러면서 성숙해지는 것이다. 그런 기다림은 기다리는 사람 역시 성숙하게 한다. 오크통 안에서 맛과 향이 깊어지는 포도주처럼, 사람도 기다림 속에서 익어가는 것이다.

기다림이 부족하면 물감이 엉키고, 형태는 어지럽고 산만해진다. 하지만 그래도 괜찮다. 다시 기다리면 된다.

사람도 마찬가지다.

⟨Vivace in Red⟩, 2025. Acrylic & Gouache on Linen, 53×40.9cm

〈Diamond, Red〉, 2025, Acrylic on Linen, 25.8×16cm

7-18

그림에게 음악을 들려줄 때

차분히 모든 걸 내려놓고 그림에게 음악을 들려준다. 완성된 작품을 벽에 세워 놓고 그림을 관객 삼아 시노래를 들려준다. 그림이라는 관객을 바라보며 관객의 반응을 살펴본다. 그림이 노래를 무심히 듣는지 집중해서 듣는지 궁금해하면서 노래를 부르다 보면 어느 순간 그림이 내게 말을 걸 때가 있다. 노래를 멈추고 그림에 손질이 필요한 때를 알려주는 것이다.

나의 그림은 음악을 들으면서 완성되어 간다.

7-19

완성된 그림인가?

일단락 지은 그림을 바라보며 매번 던지는 질문이다. 어제까지 괜찮았는데, 아니 몇시간 전만 해도 보이지 않던 허물과 빈틈이 보이는 순간이 있다. 잘못 본 것일 수도 있겠다. 붓과 물감을 잡지 말고 시간 여유를 두고 얼마간 더 지켜볼 일이다. 그렇게 판단은 성급하지 않게. 생각은 두세 번 더 할 일이다. 그림을 그리다 세상사 이치를 깨닫는다.

7-20
붓털 하나

옥에 티. 완성된 그림을 살피다가 그림 속에서 붓털을 하나 발견했다. 마른 물감 속에 묘하게 자리 잡고 있어서 잘 보이지 않았다. 그냥 자연스러움으로 넘길까? 그림의 흠이니 손을 봐야 할까? 물감과 한 몸이 된 붓털은 어떻게 제거해야 할까? 어설프게 손질하다 그림이 더 망가지지 않을까?

그렇게 하루가 지났다. 그런데 이후에도 그 초록 그림을 볼 때다 붓털이 자꾸 거슬렸다. 마치 눈에 작은 티가 있는 듯 껄끄러웠다. 손톱으로 붓털을 살살 떼어 보려다 오히려 밑칠한 색이 힐끗 보이기 시작했다. 아이코, 비뚤어진 소뿔 바로잡으려다 소를 잡게 생겼다. 이제 그림을 완전히 손봐야 할 상태가 돼 버렸다.

다시, 조금씩 물을 적시며 붓질을 해 보았다. 얼마 후 핀셋으로 살살 달래듯 긁어 보니, 붓털이 순순히 물감 속에서 빠져나왔다. 이제는 전체 칠을 다시 해야 할 순서. 가릴 면들을 마스킹 테이프로 꼼꼼히 가리고 밑칠부터 다시 해야 했다. 그 이후에도 세세한 손질을 여러 번 반복 하고서야 티 없는 그림으로 거듭날 수 있었다.

이러면서 또 배운다. 물감을 칠한 뒤에 캔버스를 다시 검사해야 한다는 것이다. 붓털이 어딘가 숨어있지 않는지 샅샅이 살펴봐야 한다. 그런데 어찌 보면 붓털 그림은 그 나름의 운명이었는지도 모른다. 전면적으로 손질하고 나니 리모델링 마친 집처럼 깔끔하고 산뜻해서 기분이 좋다. 이런 걸 전화위복이라 해야 하나?

7-21
사인(서명)과 작품명의 부재

수십 점의 작품이 쌓이는데 아직 사인과 작품명을 결정하지 못하고 있다. 아직 미완성의 작품일지 모르기 때문이다.

수십 번을 바라봐도 흡족함이 유지되는 작품을 만나기란 그리 쉬운 일이 아니다. 완성된 작품을 허물어 버리는 경우가 비일비재하다. 하지만 그건 좌절이 아니라 새로운 도전이다.

7-22

그림을 다 엎어 버렸다

 마음에 들어 액자를 맞추고 전시까지 생각했던 그림들을 풀어헤치고 엎어버렸다. 일순간 망친 그림이 되는 순간이다. 그림을 망치기 위해서는 그림에 물 스프레이를 뿌리고 조금 기다렸다가 사포질을 하면 끝이다. 캔버스에서 물감이 녹아 내리고 형태가 사라져 버리는 걸 보면 그릴 때의 시간과 열정이 공기 속으로 사라지는 듯하다.

 일종의 허무함. 한편으로는 좋은 그림이 다시 그려질 거라는 기대로 위로해 본다. 재생하는 캔버스는 새 캔버스보다 더 좋을 수가 있다. 물감과 붓질의 흔적이 어렴풋이 남아 있기에 (어쩌면 어느 정도 의도적으로 남기는 것인지도 모르겠다.) 덧그려지는 새로운 그림 위에 과거의 시간이 그대로 저장되어 있다. 그리하여 더 깊이 있고 정감 있는 질감을 드러낼 것이다. 스스로 감탄하며 자뻑했던 자신을 돌이키고 교훈과 전화위복의 기회로 삼을지어다.

⟨Daffodil in Yellow⟩, 2025. Acrylic & Gouache on Linen, 90.9×65cm

7-23

망친 그림은 없다

망친 그림은 그대로의 장점을 살려 다시 그리면 된다. 마치 실패한 인생이 다시 일어서는 것처럼. 망가지거나 쓸모없는 캔버스는 없다. 캔버스의 쓸모는 그림이 완성될 때 소임을 다한다.

7-24

캔버스 팔자

망치거나 마음에 안 드는 그림의 캔버스는 어떻게 처리할까? 팔자를 고치는 방법이 없을까?

우선 그려진 그림에 대한 미련이나 아쉬움을 과감히 버리자. 두 번째는 튀어나온 파인 것 등을 사포로 문지르고 물로 닦아낸다. 세 번째로 처음처럼, 젯소를 골고루 다시 바른다. 비록 얼룩이 있고 덧칠한 흔적들이 있지만 그런 캔버스가 더욱 깊이 있고 아름다운 그림으로 완성되는 경우가 많다. 새것의 캔버스가 연출해 낼 수 없는 깊숙함과 묵직함.

인생도 그렇지 않을까? 팔자 고친 캔버스와 같이 굴곡진 인생이 더 깊이 있고, 성숙한 아름다움으로 비쳐지지 않을까? 고민과 좌절로 얼룩진 인생을 찬미하라!

7-25
캔버스 천갈이

캔버스 제조업체에 연락을 했다.

맘에 들지 않는 그림 전체를 천갈이해서 캔버스 재생이 가능한지를 알아보려고. 가능하다고 한다. 지난 6개월 동안 그렸던 모든 그림, 한때는 꽤 맘에 들어 했던 그림들. 30점이 넘는다. 이제 그 그림들과 작별을 고하려 한다.

캔버스 공장으로 가져가서 천갈이를 하고, 그려진 천은 모두 소각해달라고 해야지. 도공이 맘에 들지 않는 도자기를 깨어 부숴 버리는 것과 같은 심정이다. 작품을 관리하는 기본자세라 생각된다.

7-26

캔버스 천갈이를 맡기고 돌아오는 날

6개월 동안 작업했던 10호 그림 32점과, 30호 그림 2점 모두 천갈이를 맡겼다. 6개월간 그린 그림을 모두 폐기했다는 뜻이다. 그동안의 작업이 헛수고로 돌아가서 아쉽지 않느냐고 묻는다면, "아니다"라고 말할 수 있다. 왜냐하면 비교할 수 없이 훨씬 좋은 그림들이 나올 것이기 때문이다. 천갈이한 작품들이 나에겐 큰 밑거름이 되었다. 그것들을 기반으로 튼실한 과실을 맺을 수 있으리라.

오늘은 2025년 3월 18일, 화요일이다. 새벽부터 눈이 내렸다.

7-27

그림과 잠을 자다

다 그린 그림은 나의 침실로 옮긴다. 수일 또는 수 주일 동안 동침하며 나의 잠을 편안케 하는지, 불편케 하는지 확인해 본다. 들뜬 마음으로 안아 올린 그림이 어느새 나의 살과 뼈로, 분신으로 느껴질 때, 그제서야 그 그림은 완성된 그림이 된다. 이제 새 주인에게 보내도 부끄럽지 않을 터.

7-28

그림의 출산

내 그림은 정직한가? 떳떳한가?

그림을 그리며 스스로 나에게 하는 질문이다.

이 그림들이 세상에 나가서 어깨 펴고 살아갈 수 있겠는가? 완성된 그림일수록 긴장도 되고 염려와 걱정이 앞선다. 부모의 마음 같은 게 있다. 출산에 비할 수야 없겠지만, 세상에 그림을 내보내는 일 역시 무게와 책임이 남다르다.

7-29

벽과의 조응

어떤 주인의 어느 벽과 공간을 만나느냐에 따라 그림의 팔자가 좌우된다. 어느 공간에나 어울리는 그림은 없다. 가급적 반짝이지 않는 흰 벽이라면 가장 좋겠다. 그림과 그림 사이는 그림 넓이의 2배 정도의 여백이 있으면 좋겠다.

그림도 생명의 존재이다. 그림 역시 숨을 쉴 공간이 필요하다. 주인과 호흡해야 하므로.

7-30

도착지

그림이 주는 것은 즐거움이 다일까? 그 너머를 생각해 본다. 바라보면 편안하고 차분해지는 그림 말이다.

마음을 울리는 음악처럼 심상이 떠오르게 하는 그림. 유레카! 불현듯 아이디어가 떠올랐다.

젯소 밑칠을 마친 2개의 캔버스를 바라보다 하나는 보라, 하나는 오렌지 물감을 칠했다. 물에 갠 물감을 붓에 묻히고 높은음자리표 모양으로 붓을 움직이며 크고 작게 위치를 바꾸어 가며 반복적으로 그려 나갔다. 캔버스의 흰색이 사라질 때까지.

이제 기다림의 시간. 물감이 마르기를 기다린다.

노란색 캔버스를 바라보다가 왼쪽 상단에 연두색의 긴 사각형이 오른쪽 중앙에는 가로로 기다란 푸른색 사각형이 보였다. 마음이 불러주는 대로 마스킹 테이프를 붙인다. 곧바로 정해 둔 색을 채운다.

참으로 편안한 그림이 나왔다. 확신이 들자 이번에는 검은색 캔버스를 바라보았다. 마음이 불러주는 색은 왼쪽 상단에 노란색 사각형 그리고 오른쪽 중앙에 붉은색 정사각형. 역시 정해 둔 색을 칠했다. 이것도 성공이다.

여러 사각형 색상이 칠해진 두 캔버스를 번갈아 바라보며 생각해 본다. 이대로 좋을지? 부족한 부분이 없는지?

검은색 캔버스 왼쪽 하단에 길쭉한 녹색 사각형을 넣으면 더 좋을 듯하다. 하지만 잘못 그려 넣으면 고칠 수가 없는 그림이기에 신중해야 한다. 우선 마스킹 테이프로 위치를 표시해 본다. 위치를 옮기며 최적의 위치를 자리매김한다. 물감을 칠하기 전까지 뜸을 들이고 느긋하게 기다린다. 결국 감행했다. 성공이다!

가장 마음에 드는 스타일의 그림이 나왔다. 그간의 여러 실험과 도전이 오늘의 작업을 완성시킨 듯하다. 아마도 이 그림 스타일이 나의 화풍으로 인식되길 기대해 본다. 연작이 쏟아져 나올 거 같다. 그러니 캔버스를 서둘러 충분히 주문해야겠다.

오늘은 2025년 3월 13일, 정말 기분 좋은 날이다.

⟨Dolce in Yellow⟩, 2025. Acrylic & Gouache on Linen, 53×40.9cm

⟨Largo in Black⟩, 2025. Acrylic & Gouache on Linen, 53×40.9cm

얼굴꽃

— 김창훈의 그림 〈Face Flower in Green〉

맹문재

일곱 겹 이상의 바람이 양극을 이루어
들어갈 길이 보이지 않지만
돌아 나오고 싶지 않네

〈메멘토 모리〉를 연주하는
기타 소리가
산등선을 넘어 흰구름으로 흘러가고

지평선에 걸린 오렌지색 자화상이
운 좋은 발견처럼 보이네

금간 시간
넓은 소란
억만 개의 빗방울
물고기가 달빛으로 재우네

⟨Face Flower in Green⟩, 2025. Acrylic & Gouache on Linen, 53×40.9cm

사랑이여

바람 그치지 않는 거기에서
거룩한 우연처럼
그치지 않아라

네모의 하모니
'인간'을 그리다

– 음악과 미술을 넘나드는 김창훈 작가의 통감각적 시나위

편완식 아트저널리스트-미술비평

경쾌하고 청아한 바탕색 위로 음표 같은 네모들이 어우러져 하모니를 이룬다. 때론 격렬한 휘모리장단이 화폭을 가득 채운다. 그 속에 빠져들다 보면 얼굴들이 떠올려지고 탐스러운 꽃들이 어렴풋이 드러난다. 한 시절 격정도 추억 속으로 사라진다. 베이스 기타처럼 은은하고 깊이 있게 가슴에 담기는 모습이다. 징 소리를 떠올리게도 해준다. 김창훈 작가의 화폭 풍경이다.

사실 김창훈이라는 이름 석 자는 대중들에겐 대한민국의 전설적인 록 밴드 '산울림'의 멤버로 더 익숙하다. 형 김창완을 비롯해 3형제 밴드 산울림은 1970~80년대 한국 록 음악의 대표 주자 중 하나였다. 그는 산울림의 베이시스트이자

보컬, 작곡가로 한국 록 음악의 실험성과 다양성을 보여주었다. 장르의 경계를 넘나들며 독창적인 색채를 구사했다. 사이키델릭 록, 포크록, 하드록 등 다양한 장르를 실험하며 단순한 멜로디 속에 깊은 철학과 감성을 담았다. 한국적 정서와 서양 록의 절묘한 조화가 돋보이는 곡들은 대중을 열광케 했다. 산울림의 대표곡 중 그가 작사, 작곡한 〈회상〉, 〈독백〉, 〈산할아버지〉, 〈내 마음(황무지)〉 등은 여전히 대중의 뇌리를 감돌고 있다. 그는 또 1977년 제1회 MBC 대학가요제 대상 곡 〈나 어떡해〉, 김완선의 〈오늘밤〉과 〈나홀로 뜰앞에서〉 등 가요사에 남는 명곡의 작사, 작곡자이기도 하다. 그런 그가 어느 때부터인가 캔버스 앞에 섰다. 더 이상 주체할 수 없는 시각적 충동에 붓을 들 수밖에 없었다. 마치 신내림처럼 거역할 수 없는 것이었다.

　미술사에도 음악을 기반으로 작업하거나 음악에서 영감을 받아 그림을 그린 작가들이 많다. 청각과 시각 예술 사이의 경계를 넘나드는 새로운 형태의 창작 과정이었다. 추상미술의 선구자 바실리 칸딘스키(Wassily Kandinsky)는 바그너와 쇤베르크의 음악에서 깊은 영향을 받았다. 색과 형태를 음악처럼 '소리 나는' 요소로 표현하려 했다. 그의 작품이 '시각적 음악(visual music)'으로 불리는 이유다.

바이올리니스트이기도 했던 파울 클레(Paul Klee)는 음악적 구조와 리듬을 회화에 적용했다. '음악처럼 그림을 그리라'는 그의 작품은 리듬과 구조, 선율적 흐름을 반영했다. 로버트 델로네(Robert Delaunay)는 음악의 조화(harmony)와 리듬을 색채의 조화로 표현했다. 오스카 피싱거(Oskar Fischinger)는 음악에 맞춰 움직이는 추상 형태를 애니메이션으로 구현했다, 추상 애니메이션의 선구자다. 존 케이지(John Cage)는 음악가이지만 로버트 라우션버그, 재스퍼 존스 등 시각 예술가들과 협업으로 음악을 기반으로 한 시각 실험을 시도했다.

이들 작가는 대부분 음악을 들을 때 색이나 형태가 떠오르는 공감각(共感覺, Synesthesia)을 경험했다. 빈센트 반 고흐의 경우 어린 시절 피아노 선생에게 음에서 저마다의 색깔이 느껴진다고 말하자, 선생은 고흐가 미쳤다고 생각해 더 이상 가르치지 않았다고 한다. 김창훈 작가도 그렇게 음악에서 색채를 떠올렸을 것이다.

김창훈 작가의 작품을 마주하고 있으면 칸딘스키와 더불어 20세기를 대표하는 추상미술의 거장 파울 클레를 떠올리게 된다. 클레는 음악적 요소를 다채로운 색채의 흐름과 기하학적 형태를 활용해 회화로 표현하려고 했다. 네모 도형처럼 단순한 형태에 밝고 다양한 색상이 어우러져 있다. 김창훈 작가는 클레보다 더 단순한 형태를 보여준다.

파울 클레의 대표작 〈세네치오〉(Senecio, 노인)는 얼굴은 정면을 바라보고 있지만, 좌우 비대칭적인 눈과 기하학적 분할로 인해 이질적 느낌을 준다. 얼굴이 정사각형, 삼각형, 원형 등 기하학적 도형으로 나뉘어 있어 마치 가면처럼 보이기도 한다. 색은 감정을 전달하는 요소다. 인간의 얼굴을 단순화하고, 감정이나 인격을 기호화(symbolize)함으로써 추상과 구상 사이를 넘나든다. 단순한 형식과 색으로도 깊은 심리적 표현이 가능하다는 것을 보여주는 작품이다. "우리는 보이는 것을 그리는 것이 아니라, 보이지 않는 것을 보이게 해야 한다"는 클레의 철학이 담긴 그림이다.

김창훈 작가는 단색 색면 위에 네모와 네모 변형들을 위치시켜 클레보다 더한 단순의 극치를 보여주고 있다. 그 속에서 인물들의 변화무쌍한 표정과 감성이 불현듯 다가온다. 이렇다 싶으면 저렇게 보여지는 묘한 매력이 있다. 시시각각 보는 이에 따라서 보는 이의 감정을 드러내고 있는 것이다. 작가가 어떤 특정의 표정을 염두에 뒀더라도 작품은 이미 거기서 자유롭다.

파울 클레, 〈세네치오〉 캔버스에 유채 40.5cm × 38cm(1922)

건축물 구조를 연상시키듯 네모가 배열된 작품들은 어느 특정 지역 도시 풍광이 아닌가 생각이 들게 만든다. 한편, 그 속에서도 얼굴의 이미지들이 중첩된다.

짐작건데 작가가 여행 중에 만난 풍광과 그때의 기억과 감응을 담아낸 듯하다.

⟨The Lover⟩, 2025. Acrylic & Gouache on Linen, 90.9×65cm

⟨Tulip in White⟩, 2025. Acrylic & Gouache on Linen, 90.9×65cm

파울 클레, ⟨붉은색과 흰색으로 구성된 돔⟩(1941)

클레의 작품 ⟨붉은색과 흰색으로 구성된 돔⟩이 연상된다. 1914년 클레가 튀니지를 여행하며 본 풍경을 그린 작품이다. 튀니지의 강렬한 빛과 풍광에서 예술적 영감을 얻었다. 수채화 물감을 겹쳐 칠하는 방식으로 여행의 기억을 추상적인 도형으로 표현한 작품이다. 꿈과 상상, 상징적 건축을 그린 그림이 많은 클레는 도시, 집, 돔 형태 등도 자주 그렸다. 돔은 종종 건축적 상징 또는 신성함, 내면 세계의 구조로 클레 작품에서 등장한다. 흔히 작가들에게 집(건축)은 자신들의 내면 세계를 투영하는 매개체가 된다.

김창훈 작가에게 다양한 네모는 화폭에 음표를 심어 가는 과정이다. 나와 너, 우리의 이야기 노래다. 네모는 단순한 기하학적 형태를 넘어 정체성과 서사의 경계를 넘나드는 상징으로 기능한다. 때론 격자무늬 너머에 네모 색면을 두어 관조적 자세를 취하기도 한다. 어쨌건 네 점을 선으로 잇는 단순한 도형인 네모는 평면적인 상징을 넘어서 작가들에게는 추상이라는 보편성을 시각화하는 하나의 수단이다. 네모는 단순한 도형이 아니다. 서사적 틀로 공감의 가능성을 여는 문이다.

네모는 미국 현대미술 작가들도 즐기는 구조다. 재즈(즉흥 연주)에서 큰 영감을 받은 스탠리 휘트니(Stanley Whitney)의 작품에서 네모는 반복되지만, 색의 조합과 배치, 크기가 매번 달라 마치 음악의 리듬과 박자, 변주를 시각적으로 표현하는 역할을 한다. 그는 이를 '콜 앤 리스폰스(Call and Response)'라고 표현했는데, 이는 재즈에서 연주자들이 서로 반응하는 방식이다. 그의 작품들은 색색의 정사각형이나 직사각형을 격자 형태로 캔버스에 배열하는데, 각 블록은 손으로 그린 듯한 붓질이 살아 있어 규칙성과 자유로움이 공존한다.

스탠리 휘트니, 〈Untitled〉 캔버스에 유채 (2018)

재즈처럼 색이 화면 안에서 '연주'를 하게 구성한다. 철저한 계획 없이 작업 중 색에 반응하며 작업을 진행한다. 그래서 그의 그림은 매우 즉흥적이고, 살아 움직이는 듯한 에너지를 느낄 수 있다. 네모를 쌓는 방식은 마치 벽돌, 기와, 퀼트 패턴처럼 공간을 구성하는 원초적이고 인간적인 형식이다.

김창훈의 또 다른 작품을 보자. 찬찬히 뜯어보면 인물의 모습도 어렴풋이 느껴지는데, 네모 대신 소용돌이 붓 터치가 화면의 중심에 자리 잡거나, 화면 전체를 가득 채우고 있다. 사랑과 죽음에 대한 개인적 고심, 그리고 우리를 둘러싼 우주의 기운이 응축돼 있는 듯하다.

⟨Carpe Diem⟩, 2025. Acrylic & Gouache on Linen, 53×40.9cm

⟨Universe I⟩, 2025. Acrylic on Linen, 116.8×80.3cm

    김창훈의 최근작에선 네모가 해체되고 있다. 색면과 선들이 형태를 벗어나 경쾌한 리듬처럼 자유로워지고 있는 것이다. 특히 색들의 중첩을 통해 깊은 공간감을 보여준다. 마치 내면 깊은 곳으로 이끄는 것 같다. 색유리 조각을 접합해 만든 스테인드글라스를 연상시킨다. 고풍스런 성당 안에 들어선 느낌을 주는 이유다. 빛은 색을 만들고 색은 빛을 드러낸다는 사실을 붓질로 보여주고 있다.

    종국적으로 김창훈 작가는 공감각적 '인간 감성 코드' 극대화로 '저 너머'를 환기해 준다.

칼 같은 선에 숨은
삶의 미로

김민 미술기자

　김창훈의 그림을 처음 마주했을 때, 반듯한 직선과 한 색을 가득 채운 면들이 가장 먼저 눈에 들어온다. 한 치의 오차도 허용하지 않으려는 듯 깔끔하게 마무리된 선과 면. 심지어 캔버스 옆면까지도 예쁘게 포장을 씌우듯, 작가는 색을 가득히 채웠다.
　색종이를 잘라 붙인 듯한 그림들을 무심코 보면 천진난만함이 느껴진다 생각할 수 있다. 이를테면 〈Daffodil in Yellow〉 같은 꽃 정물 연작이나, 〈Orange Eye on Red〉, 〈Big Smile〉 같은 얼굴 연작, 〈Apt in Red〉 같은 풍경 작품들이 그러한데, 이 작품들이 그리는 소재가 친숙한 일상의 것들이기 때문이다.
　이러한 소재는 작가가 팝 음악으로 대중의 커다란 사랑을 받았던 만큼, 그림에서도 관객이 쉽게 감정을 이입하도록 만든 배려로 보인다. 〈Tulip in White〉, 〈Peony in Purple〉처럼 꽃이 갖고 있는 형태를 기하학적 도형으로 단순화하고 밝은 색채로 구성한 작품들은 테이블 위에 놓인 화병처럼 활력을 준다.

〈Adagio in White〉, 〈Moderato in Green〉, 〈Largo in Black〉 같은 작품들은 음악에서 영감을 얻은 추상이며, 아예 캔버스 공간에 대한 감흥을 담은 〈Green Space〉, 〈Yellow Space〉 같은 작품도 있다. 김창훈이 작사·작곡한 산울림 밴드의 노래 〈산할아버지〉의 표면에 비치는 경쾌한 감성을 느껴볼 수 있다. 〈Sanullim, K-Rock〉 연작에서 이런 감성은 더욱 적극적으로 드러난다.

그러나 이 그림들을 오래 들여다보면 사뭇 다른 감정이 들어 있음을 알게 된다. 그것은 바로 신중하면서도 간절한 완벽주의다. 체조 선수가 높은 평형대에 올라 조심스럽게 한 발 한 발을 내딛듯, 그림 속의 선들은 자를 대고 칼로 자른 것 같은 단면을 드러내고 있다. 이러한 완벽주의는 작가의 삶에서 배어 나온 흔적이다.

작가는 21세에 산울림 밴드 활동으로 스타덤에 오른다. 이후 군 입대를 하고 식품 기업에 취업하면서 직장인으로의 삶을 살았다. 다른 사람이 보기에 그의 삶은 감성적인 예술가로부터 현실적인 직업인까지, 착실하게 엘리트 코스를 밟으며 살아온 것처럼 보인다. 대기업 주재원으로 미국으로 이주해, 그곳에서 처음으로 한국 식품을 유통하는 것은 물론 패키지 디자인까지 기획했던 치열한 생업의 흔적을 이러한 완벽주의에서 읽을 수 있다.

다만 사뭇 다른 분위기를 자아내는 작품이 있는데 바로 〈자화상〉과 〈Life Maze〉 연작이다. 라이프 메이즈 연작에서는 다른 작품들과 달리 다른 색들이 선을 침범하고 거칠게 칠해 붓 터치가 그대로 보이는 표현이 등장한다. 다른 작품들이 관객을 좀 더 배려한 것이라면 이 연작에서는 솔직한 자기 고백을 조금 더 과감하게 드러내고 있다. 작가는 자화상에 대해 '그림에서 면은 인생의 누더기, 조각, 경험, 거기에 상처 같은 것들이 표현될 수 있겠다'라고 말했다. 의외로 자신의 삶은 무모한 도전과 서두름의 연속이었다며. 〈Who Am I〉 연작에서도 선을 좀 더 자유롭게 사용하며 자기에 대해 직면하려는 시도가 엿보인다.

"30대에 미국으로 이주해 한국인도 미국인도 아닌 경계인의 삶을 살았다. 나의 인생을 반추해 보니 음악을 비롯한 예술인으로서도, 사업을 꾸리는 경제인으로서도 반반을 걸친 삶을 살아온 것이 아닌가. 만약 내가 과거 다른 길을 택

했더라면 어떨까 하는 미련과 회한이 남는다."

실제로 그의 삶이 그러했는지는 누구도 판단할 수 없는 일이다. 그보다 중요한 것은 자신에게 느껴지는 감정을 작가가 회피하지 않는다는 점이다. 내면 깊은 곳에 있는 슬픔, 어두움, 아쉬움 같은 것들은 보통 숨기고 싶은 깊은 감정이지만, 작가는 〈자화상〉과 〈삶의 미로〉, 〈Who am I〉 연작에서 이들을 정면으로 마주하며 캔버스에 풀어내려 시도하고 있다.

"인생이라는 게 달콤하기만 한 것이 아니잖아요. 내가 지나 온 인생의 얼기설기 짜인, 여러 가지 삶의 편린들이 그림에 자연스럽게 투영되어서, 어느 순간 그림의 테마가 되었습니다. '인생 미로', Life maze라는 것. 우연이 겹치고 겹쳐 만들어지는 세렌디피티죠."

나는 누구인가. 내 인생의 의미는 무엇인가. 잡힐 듯 잡히지 않는 답을 끊임없이 찾아가는 것이 삶이며, 그 때문에 자아실현은 인간이 태어나서 죽을 때까지 해야 하는 일인지도 모른다. 김창훈 작가는 매일매일 성실하게 시로 음악을 짓고 그림을 그리며 자신의 삶을 반추하고 그곳에서 느껴지는 감정들을 표현하고 있다.

"나에게 남은 시간을 생각하면 정체성을 구축하기 위한

마지막 시간이라는 절박함이 듭니다.

　보이는 게 전부가 아닙니다.

　그대가 겪고 있는 슬픔과 아픔, 누구나 다 가진 것이며 그것이 삶의 일상이자 요소입니다.

　살아와 보니 그렇더랍니다.

　그러니 여러분, 힘냅시다."

작업 후기

딱히 기억력이 좋거나 꼼꼼히 메모하는 스타일의 사람이 아니라 그저 희미한 기억으로 지난 시간을 더듬어 보려 한다.

믿거나 말거나, 딱 1년 전인 24년 10월 어느 날부터 그림을 그려야겠다는 생각을 했다. 얼마 후 흑석동 출신의 작은 저녁 모임이 있었는데, 거기서 아무 대책 없이 나의 계획을 토설해 버리고 말았다.

그저 희망과 꿈을 얘기한다는 것이 어찌 인연이 닿으려 그랬는지 '갤러리 마리'의 정마리 원장께서 선뜻 그룹전 전시회를 열겠다고 하시는 게 아닌가? 그렇게 일이 터지고 말았다.

나는 부랴부랴 화방에 들러서 무엇이 필요한지 물어보며 물감과 붓 몇 개를 들고나왔다. 캔버스는 쿠팡에서 이것저

것 검색하다가, 종류가 여럿 있는 것도 그때서야 알았다. 캔버스는 좋은 걸 써야 할 거 같아서 정왁구 아사 천으로 결정하고 사이즈는 우선 10호 몇 개를 주문했다. 아마 4개였을 것이다. 그렇게 나의 그림 그리기는 개문발차하게 되었다.

풍경을 몇 점 그리다가, 눈물 시리즈의 단색화도 그려보다가, 점묘화를 변형시킨 인물 추상도 그려보고, 색면과 미니멀을 살린 칸딘스키나 클레, 몬드리안 풍의 그림도 시도했다. 이런저런 시행착오를 여러 번 거치면서 어느 순간 미니멀과 색면 추상으로 나의 화풍을 정하고 정물, 인물, 풍경, 음악, 인문, 철학 등을 주제 삼아 그려 나가기 시작했다.

그림 그리기는 처음이지만, 사실 나는 그림을 무척 좋아하고 사랑하는 애호가 겸 수집가이다. 그림을 처음 접하고 좋아하게 된 시기는 산울림 음악 활동을 접고 직장 생활을 시작한 지 3~4년 후로 기억된다. 서른 살쯤 되었을 때다.

여러 화랑을 통해 김환기, 박수근, 이중섭, 유영국, 장욱진, 박서보, 하종현, 윤형근, 이강소, 정상화, 김태호, 황염수, 이대원, 권옥연, 손상기, 곽훈, 곽인식, 이우환, 김종학, 서용선, 천경자, 이성자 등 무수히 많은 대가들과 중견 작가들의 그림을 접하면서 그림을 사고 싶다는 열망에 빠져들기도 했다. 하지만 월급쟁이 현실은 굳이 설명이 필요 없으리라.

1986년 이후 해외 생활을 하면서 다양한 갤러리와 미술관 등을 다니고 회화에 대한 안목을 넓혀 나갔다. 무슨 이론이나 공부를 하기보다는 나에게 좋은 느낌이 오는 여러 추상 작가들의 작품을 접하게 되었다. 칸딘스키, 호안 미로, 피카소, 클림트, 잭슨 폴락, 조안 미첼, 조지아 오키프, 앤디 워홀, 바스키아, 샘 프란시스, 프랭크 스텔라, 드쿠닝, 알렉산더 칼더, 한스 호프만, 로버트 마더웰, 밀턴 러스닉, 레이 파커, 조지오 까발론, 마이클 골드버그, 에머슨 울퍼, 제프 쿤스 등의 현대 미술 거장들과 메리 에봇, 존 리틀, 머빌 프라이스, 칼 벤자민, 찰스 아놀디, 에릭 오어 등 미드센추리와 컨템포러리 작가들의 다양한 작품에 매료되었다.

 그런 경험들이 그림 그리기의 자양분이 되었는지 모를 일이다. 그림 그리기를 시작하면서 가장 어렵고 힘든 일은 나의 화풍과 내가 추구하는 그림관을 정립하는 것이었다. 왜 그리는가, 무엇을 그리는가, 수없이 많은 질문을 던지면서 화답을 받아 그려진 그림들이 여기 수록된 그림들이다. 당초 82점으로 마무리 지었으나 왠지 아쉬움이 더해지고, 머리와 가슴에 꿈틀거림을 억제할 수 없었다. 급기야 캔버스 20점을 새로 주문하고, 그도 모자라 10개를 추가해서 총 30점을 더 그리게 되었다. 그렇게 그려진 그림들은 내 그림의 시즌 2이다. 독자나 관람자는 어느 그림이 시즌 1인지, 어느 그림이 시즌 2인지 궁금해하실 수도 있겠다.

  이번 출판과 전시회를 통하여 내 그림 인생의 미래가 어떻게 펼쳐질지 긴장되고, 설렘이 가득하기도 하다. 여기까지 오는 동안 여러 손길이 있었다. 선뜻 후원의 레드 카펫을 깔아준 '카카오뱅크', '㈜경우시스테크'와 여러 지인, 전시회를 마련해 주신 '갤러리 마리'의 정마리 원장님, 흑석 삼인회 신희철 님, 흔쾌히 출판의 산고를 감당해 주신 SBS 이주상 기자님과 귀한 헌시를 선물해 주신 맹문재 시인님, 그리고 2인전을 빛내준 김완선 님, '지니어스 테이블' 조성관 작가님과 원우 님들, 그리고 언제나 나의 예술혼을 일깨우고 자긍심을 북돋아 준 H에게 각별한 고마움을 전한다.

2025년 가을 문턱에서, 김창훈 두손